Der Mensch und seine Narrative

Karl-Friedrich Haag

Der Mensch und seine Narrative

Biblisches Reden von SEELE und neurowissenschaftliche Perspektiven

Bibliografische Information der Deutschen Nationalbibliothek
Die Deutsche Nationalbibliothek verzeichnet diese Publikation
in der Deutschen Nationalbibliografie; detaillierte bibliografische
Daten sind im Internet über http://dnb.d-nb.de abrufbar.

ISBN 978-3-631-87714-2 (Print)
E-ISBN 978-3-631-87715-9 (E-PDF)
E-ISBN 978-3-631-87716-6 (EPUB)
DOI 10.3726/b19656

© Peter Lang GmbH
Internationaler Verlag der Wissenschaften
Berlin 2022
Alle Rechte vorbehalten.

Peter Lang – Berlin · Bern · Bruxelles · New York ·
Oxford · Warszawa · Wien

Das Werk einschließlich aller seiner Teile ist urheberrechtlich
geschützt. Jede Verwertung außerhalb der engen Grenzen des
Urheberrechtsgesetzes ist ohne Zustimmung des Verlages
unzulässig und strafbar. Das gilt insbesondere für
Vervielfältigungen, Übersetzungen, Mikroverfilmungen und die
Einspeicherung und Verarbeitung in elektronischen Systemen.

Diese Publikation wurde begutachtet.

www.peterlang.com

Inhaltsverzeichnis

Vorklärungen 7

  I Der Mensch als verkörperte Näphäsch-Seele ... 13

    A Das Reden von der Näphäsch-Seele in der hebräischen Bibel 13

    B ‚Subjektivität' in der Perspektive der Neurowissenschaft 16

    C Die Rede vom „transzendenten Trieb" 20

 II Wir in einer Geschichte – immer auf dem Weg! 21

    A Neurowissenschaftliche Einsichten zur geschichtlichen Dimension biographischer Prozesse 21

    B Die biblische Spur von Geschichte 23

    C Ein Quantenphysiker und Theologe bezieht Stellung zur Frage nach dem Wirken Gottes in der Geschichte 24

III Die biblische Tradition als „große Erzählung"? 27

IV Im „Weitwinkel der Christuszeit" 31

 V Soziale Konstruktion von Wirklichkeit 39

VI Die betende und hoffende Seele 41

VII Aspekte des Phänomens „narrative Identität" ... 45

    (1) Individuelle Identität/‚Persönlichkeit' 45

    (2) Kollektive Identität: Christliche
        „Erzählgemeinschaft" 64

VIII Soziale Konstruktion von Subjektivität 69

 IX Unter der Perspektive „auf dem Weg" 73

  X Wir verbleiben weiterhin auf dem Weg... 75

Vorklärungen

Der „Einstieg" soll möglichst rasch „zur Sache" führen; deshalb setzen wir auch recht unvermittelt mit unserer gleich an den Anfang gestellten Basis-Aussage ein:
Wir verstehen Seele als Schöpfer-Geschöpf-Dauer-Resonanz.
    Dazu bedarf es allerdings sofort einer Anmerkung: Der Resonanz-Begriff ist zwar kein präziser, exakt „um- und eingrenzender Begriff", aber er hat Konjunktur.
    Er wird z. B. auch außerhalb des Kreises um H. Rosa prominent verwendet, etwa im Buchtitel von H.J. Scheurle: „Das Gehirn ist nicht einsam. Resonanzen zwischen Gehirn, Leib und Umwelt." Angemerkt sei auch hier schon, dass J. Bauer in seinem Buch „Das empathische Gen" dem Reden von Resonanzen ein bedeutungsvolles, Biologie und Kultur verbindendes Kapitel gewidmet hat: „Die emotionale Komponente der Empathie: Neuronale Resonanz"[1].
    Wenn in unserem Essay der fragliche Begriff sogar in unsere Basis-Aussage übernommen wird, gehen wir davon aus, dass er seine Konturen ganz aktuell durch seinen Gebrauch im neurowissenschaftlichen Sprachraum und seinen gleichzeitigen Gebrauch im Sprachraum biblischen Redens von Schöpfer und Geschöpf erhält. Die im christlichen Sprachraum verwendete Begrifflichkeit Schöpfer-Geschöpf-Dauer-Resonanz versteht Resonanz im Sinne eines Aspektes „kontinuierlichen Schöpfungswirkens" („creatio continua"). Das Geschöpf kann sich immer an den kontinuierlich wirkenden „Schöpfer"

---

1   Bauer, Joachim: Das empathische Gen: Humanität, das Gute und die Bestimmung des Menschen. Verlag Herder 1. Edition Oktober 2021, S. 61 fff

wenden und auf ein „antwortendes Reagieren" des Schöpfers hoffen. Bei der Schöpfer-Geschöpf-Resonanz wird man immer auch den „Heiligen Geist" („Creator Spiritus") am Werk sehen.

Im Rahmen von ‚Vorklärungen' sei nun vorab noch auf einige „Weichen stellende" Aspekte hingewiesen:

a) Unser Zugang zu uns und ‚unserer Welt' führt allemal über „unsere Sprache". Im Hinblick auf unseren Sach-Zusammenhang sei insbesondere erwähnt:

Maßgebliche soziale Phänomene (dazu zählen auch elementare anthropologische Begriffe) entstehen faktisch im Vollzug von Kommunikation. Begriffe formen sich und gewinnen ihre Konturen und inhaltliche Füllung durch ihren Gebrauch. Vermutlich galt dies sowohl damals, als sich der hebräische Begriff „Näphäsch" herausbildete, als auch dann, als es üblich wurde, den Übersetzungs-Begriff ‚Seele' zu verwenden.

Bevor wir uns nun der derzeitigen Verwendung des Begriffs ‚Seele' im christlichen Kommunikationszusammenhang zuwenden, sollten wir uns gleich zu Beginn dies ins Bewusstsein heben:

b) Schritte zur Orientierung setzen allemal mit Unterscheidungen ein:

Eine der Unterscheidungen, die nun gerade in unserem Zusammenhang „fundamental" sind, halten wir als „Fundamental-Unterscheidung" zwischen Gott und Mensch fest. Mit dieser Unterscheidung bewegen wir uns in unmittelbarer Nähe zu I. U. Dalferth, der diese Unterscheidung auch eine „Hintergrund-Unterscheidung" nennt ; damit meint er jedoch der Sache nach in etwa dies, was wir in sachlicher Anlehnung an ihn jetzt „Fundamental-Unterscheidung" zwischen Gott und Mensch nennen.

Menschen orientieren sich in ihrem Leben immer schon und in vielfältigen Zusammenhängen an (z. T. unbewusst gebrauchten) Grundunterscheidungen (man denke etwa im Bereich des Politischen an „Links" und „Rechts"). Solche der Orientierung dienende Grundunterscheidungen können natürlich sehr unterschiedlich sein.

Die Unterscheidung zwischen Gott und Mensch, für die uns die biblische Tradition die Unterscheidung zwischen Schöpfer und Geschöpf zuspielt, resultiert aus der basalen (rationalen) Einsicht, dass wir uns nicht selbst ins Dasein gebracht haben.

Wir verdanken uns! Der Mensch, der dies nicht wahrhaben will, gilt der biblischen Tradition als ‚Sünder'.

Sünde könnte man also grundlegend als Blindheit für das verstehen, was man Gott verdankt. I. U. Dalferth formuliert: „Wer im Machtbereich der Sünde lebt, ist blind für die Quelle des Lebens"[2]. „Er ist Geschöpf, aber lebt nicht als Geschöpf, sondern so, als gäbe es keinen Schöpfer."[3]

Die Grundbefindlichkeit "Dankbarkeit" kann man als eine den christlichen Glauben tragende „Grund-Empfindung" nennen.

„Menschen haben vielfältigen Anlass, dankbar zu sein."[4]

Dankbarkeit als humane Grunderfahrung kann auch zu einem eindringlichen Argument für den (monotheistischen) Gottes-Glauben werden: „Gott sei Dank! Wem denn sonst?"[5].

---

2   Dalferth, Ingolf U.: Sünde: Die Entdeckung der Menschlichkeit. Evangelische Verlagsanstalt Leipzig 2020, S. 65
3   vgl. Dalferth a.a.O., S 65
4   Henrich, Dieter: Gedanken zur Dankbarkeit in: Bewusstes Leben: Untersuchungen zur Subjektivität in Beziehung auf Metaphysik, Reclam UB180 10, S. 152
5   vgl. Henrich a.a.O., S. 154

D. Henrich hält es für eine „gewichtige Aufgabe", tatsächlich über die Frage nachzudenken, an welche Adresse sich ein umfassender tiefgründiger Dank richten kann und darf, wenn wir „die Erfahrung der Dankbarkeit nicht verspielen" wollen.

Gelebter christlicher Glaube ist ohne die nahezu „alles betreffende" Fundamental-Unterscheidung zwischen Gott und Mensch schlicht undenkbar. Sie gilt es (von der biblischen Tradition mit ihrer Unterscheidung zwischen Schöpfer und Geschöpf gestützt) sowohl zu „erkennen" als auch „anzuerkennen". Die Verben erkennen und anerkennen wurden in Anführungszeichen gesetzt, weil ja noch zu klären wäre, was in diesem Fall „erkennen" und „anerkennen" wirklich bedeuten können und sollen.

Zu den grundlegenden Unterscheidungen könnte man auch die Unterscheidung zwischen Glaube und Unglaube zählen. Solche Unterscheidungen treten in ganz unterschiedlichen, nicht nur religiösen Zusammenhängen auf; sie werden aber in der Theologie in bestimmter Weise gebraucht.[6]

In unserem Sachzusammenhang wird uns nun noch eine weitere Unterscheidung abverlangt! Unsere Verwendung des Begriffs ‚Seele' greift nämlich auf zwei sehr verschiedene Sprachräume zurück. Dies hängt damit zusammen, dass wir in unserem deutschen christlich – umgangssprachlichen Sprachraum neben den Sprachwurzeln Latein und Griechisch auch dem Hebräisch begegnen, das nun freilich gerade beim biblisch – christlichen Reden von ‚Seele' eine sachlich bedeutende Rolle spielt.[7]

---

6 vgl. Dalfert, Ingolf U.: God first: Die reformatorische Revolution der christlichen Denkungsart; Evangelische Verlagsanstalt Leipzig 2018, S. 19 ff
7 vgl. von Oorschot, Jürgen (Hg): Mensch (Themen der Theologie, Band 4763), UTB GmbH Tübingen 2018, S. 17 ff.

Vorklärungen

Bei der Festlegung der "Bibel", des für die Christenheit verbindlichen ‚Kanons', hat man vor Jahrhunderten dafür votiert, die Schriften des hebräischen AT und die Schriften des griechischen NT gemeinsam als den für Christen maßgeblichen Text-Bestand anzuerkennen. Dies wird hier eigens erwähnt, , weil die Sprache die Funktion hat unser Wahrnehmen und unser Denken umfassend zu prägen und weil Sprache auch eine geradezu „konstitutive Kraft" (Taylor) entfaltet. – A. Wellmer hat in seinen „Aufsätzen zur Sprachphilosophie" sowohl auf die grundlegende Sprach-Abhängigkeit unseres Erkennens und Denkens hingewiesen als auch deutlich gemacht, dass „sprachliches Handeln" nahezu immer mit einem „Einrücken in ein weitläufiges Überlieferungsgeschehen" verbunden ist .

Dies gilt gerade auch im Kontext christlicher Tradierungsprozesse, die das von ihnen „Tradierte" als „Wort Gottes" verstehen, bzw. als ein Wort, das der liebende Schöpfer an seine Geschöpfe richtet, das man nun in dem vielfältigen biblischen Reden von ‚Seele', insbesondere auch in den Psalmen, deutlich vernehmen kann. Man darf dieses Wort auch weiterhin als Angebot aus einer großen alten Glaubenstradition lesen, verstehen und entfalten.

In diesem Zusammenhang mag von Interesse sein, dass z. B. „ZEIT WISSEN" vom Sept/Okt. 2021 schrieb: „Neue Ehrfurcht vor altem Wissen. Wie uns indigene Kulturen und vergangene Epochen jetzt weiterbringen – persönlich und gesellschaftlich".

Unsere Ausführungen zum christlichen Reden von ‚Seele' eröffnen wir nun mit einem Blick auf zwei alttestamentliche Texte. Wir greifen also schon vom Ansatz her nicht auf die griechische Tradition zurück, wobei diese Kurz-Bemerkung dem komplexen Sachverhalt zwar nicht gerecht wird; aber sie lässt immerhin auf eine basale Differenz zwischen dem „hellenistischen" (dualistischen) und dem „hebräischen" (nicht- dualistischen) Verständnis des Menschen aufmerksam werden.[8] Am Rande sei noch vermerkt, dass beim christlichen Reden von ‚Seele' Platons Verständnis von ‚Seele' natürlich einer ausdifferenzierten Darstellung bedürfte, die aber den Rahmen des hier Vorgelegten sprengen würde.

Setzen wir uns nun mit den uns in der hebräischen Bibel überlieferten Reden vom Menschen auseinander:

---

8   vgl. von Oorschot a.a.O., S. 19 fff.

I Der Mensch als verkörperte Näphäsch-Seele

A Das Reden von der Näphäsch-Seele in der hebräischen Bibel

Dem hebräischen Begriff „Näphäsch" beggnen wir schon auf den ersten Seiten der hebräischen Bibel: In Gen 2,7 wird erzählt, wie Gott nach dem großen Welt-Schöpfungsakt nun den Menschen geradezu spielerisch liebevoll aus Erde vom Ackerboden formt und diesem „Staubling" dann den „Odem des Lebens" (vielleicht sachgemäßer) „inspirierte Lebendigkeit" einhaucht.[9]

Hier sei auch auf die schon sehr früh formulierte Frage des Staunens in Psalm 8, die uns den Menschen als ein in besonderer Weise herausgehobenes „Geschöpf" unter den Geschöpfen in den Blick rückt hingewiesen : „Was ist der Mensch, dass Du [Gott] seiner gedenkst?"[10]. Diese staunende Frage wurde immerhinim wichtigen Buch der Psalmen tradiert .

H. W. Wolff hat in seiner „Anthropologie des Alten Testaments" das hebräische Wort „Näphäsch" zu einem „Grundwort alttestamentlicher Anthropologie" erklärt und angemerkt: „In der traditionellen deutschen Bibel wird der

---

9 vgl. dazu auch die Ausführungen von Schoberth, Wolfgang unter der Überschrift „Auch jenseits von Eden. Erde vom Acker und Odem des Lebens" in: Die Erfahrung der Welt als Schöpfung: Studien zur Schöpfungstheologie und Anthropologie: Studien Zur Schöpfungstheologie und Anthropologie, Evangelische Verlagsanstalt Leipzig 2017

10 Psalm 8,5

hebräische Begriff ‚Näphäsch' in der Regel mit ‚Seele' übersetzt. – Wir wissen aber, dass ‚Näphäsch' den Blick insbesondere auf die Kehle des Menschen und auf seinen Atem lenkt. Dabei hat der Mensch nicht ‚Näphäsch'; er ist ‚Näphäsch', Der Mensch lebt als ‚Näphäsch' "[11]. Er kann seine ahrnehmenals das, was sein ‚Inneres'[12] ausmacht, als das, „was in mir ist", wie Ps103,1 häufig übersetzt wird. Man kann die Seele auch als fundamental empfundenes „Sehnen", als „Bedürftigkeit", aber insbesondere auch als tief empfundene „Dankbarkeit" wahrnehmen, die den Menschen immer wieder neu den „Lobpreis des ‚Schöpfers" anstimmen lässt. Schließlich waren und sind ‚Leben' und ‚Lebendigkeit' des Menschen immer noch ein Geheimnis; sie waren und sie sind auch gegenwärtig noch ein Grund des Staunens, des Lobens und Dankens.

Im AT stoßen wir in Ex 23,9 erstmals auf einen Text, bei dem man ‚Näphäsch' im Deutschen mit ‚Seele' wiedergeben sollte. H. W. Wolff hat die Anweisung Ex 23,9 folgendermaßen übersetzt: „Einen Fremden sollst du nicht quälen; ihr kennt die ‚Näphäsch' eines Fremden, denn Fremde wart ihr im Land Ägypten."[13].

‚Seele' als zentrales Sensorium des leidenden Menschen begegnet uns insbesondere in den Klageliedern und im HIOB-Buch: „Wie lange wollt ihr meine ‚Näphäsch' quälen?"[14].

---

11 Wolff, Walter H.: Anthropologie des Alten Testaments. neu herausgegeben von Bernd Janowski, 2.Aufl. Gütersloher Verlagshaus 2018, S. 33
12 Psalm 103,2
13 vgl. Wolff a.a.O., S. 43
14 Hiob 19,2

Die Näphäsch-Seele in der hebräischen Bibel 15

Die Seele kann sich aber auch freuen und über JHWH ‚jubeln'.[15] und [16]

Die in Gen 2,7 verwendete hebräische Formulierung ‚Näphäsch' ‚hajah' wird in unseren Ausführungen meist mit „Näphäsch – Seele" oder „beseelte Lebendigkeit" wiedergeben; denkbar wäre auch jene Formulierung, die uns in der üblichen deutschen Übersetzung von Psalm 103,1 begegnet, wenn ‚Seele' dort umschrieben wird mit „was in mir ist". Allerdings sollte man dabei keinesfalls („substanzdualistisch") an eine spezielle „innere Substanz" denken. Sachgemäßer wäre wohl der Gedanke an „Organismus als Prozess", an Organismus als „höchst komplexes System verschiedenster (als Resonanzen verstehbarer) neuronaler Wechselwirkungen". ‚Seele' ist ja kein Gegenstand! Auch können wir wohl kaum sagen, dass wir unsere Seele wirklich kennen; diese ist auch nicht immer dieselbe. Sie ist in ihrer Schöpfer-Geschöpf-Resonanz selbst „lebendig" und „veränderlich".

Die 'Seele' kann sowohl klagen als auch jubeln und sie wird auch dazu aufgefordert, zu loben und „nicht zu vergessen, was sie an Gutem empfangen hat"[17]. Eben dieses ist immer wieder neu zu erzählen, um sich selbst daran zu erinnern und um sich mit eben dieser Geschichte zu identifizieren! Wir verstehen die „Näphäsch-Seele" als „eingebunden in das schon angesprochene Resonanzgefüge". Vielleicht sollte man sogar sagen: Sie ist eben dieses „Resonanzgefüge" und insofern ist sie (ebenso wie das Leben und die „Lebendigkeit") eine uns

---

15 Psalm 35,9
16 vgl. Wolff a.a.O., S. 44
17 vgl. Psaml 103

gewährte ‚Gabe' aus dem unerforschlichen „Wirkungsbereich des Schöpfers".

B ‚Subjektivität' in der Perspektive der Neurowissenschaft

(vgl. dazu insbes. T. Fuchs: Das Gehirn – ein Beziehungsorgan, 6.erweiterte und aktualisierte Aufl., Kohlhammer Stuttgart 2021 und H. J. Scheurle: Das Gehirn ist nicht einsam. Resonanzen zwischen Gehirn, Leib und Umwelt. 2.ü a. Aufl., Kohlhammer Stuttgart 2016.)

Der Begriff „Subjektivität" soll keineswegs als Übersetzung für ‚Seele' gelten; allerdings könnte er in gewisser Weise ein „Platzhalter-Begriff" sein und z. B. auch für das stehen, was in deutschen Übersetzungen von Psalm 103,1 meist übersetzt wird mit „was in mir ist".

Neuere Forschungsansätze lassen deutlich erkennen, dass das, was man als das Leben von Organismen wahrnehmen kann, von Resonanz getragen ist, deren Aktivität sich nicht auf den Leib beschränkt. Sie können eben auch fließend in die Umwelt als erweitertes Leib übergehen, was jedermann am eigenen Leib selbst unmittelbar wahrnehmen kann. Die Luft als Bestandteil der Lungenatmung geht ohne feste Grenze in das Umweltelement über. Es gibt also wohl dem Leib zugehörende „Resonanz-Sphären". V. von Weizsäcker sprach von einem „Gestaltkreis" (1943), in dem Bewegung, Eigenaktivität und Wahrnehmung ineinander verschlungen sind.

Die ‚Welt' als „Umwelt" sollte uns keineswegs als das „kalte, leere Weltall" erscheinen; sie ist eine den Menschen beherbergende, warme, eine „biologische und soziale Hülle", die auf Bestrebungen und Aktivitäten des Menschen reagiert, wenn man so will: „antwortet", vielleicht nicht nur in einem „kausalen", sondern in einem „partnerschaftlichen" Verhältnis.[18]

Derzeit erwarten Fachwissenschaftler, dass die Theorie von einer vom Großhirn ausgehenden Steuerfunktion abgelöst werden wird; von einer „Resonanztheorie des Gehirns". H. J. Scheurle hat im Vorwort zur zweiten Auflage von „Das Gehirn ist nicht einsam" angekündigt, dass der „Körper-Geist-Dualismus" durch ein den empirischen Forschungsergebnissen entsprechendes Konzept der Resonanz zwischen Gehirn, Organismus und Umwelt abgelöst werden wird und er spricht (im Klappentext des Buches) davon, dass die „Autonomie des ganzheitlichen Menschen wieder ihre zentrale Bedeutung gewinnen wird.[19]

In diesem Zusammenhang sei noch darauf hingewiesen, dass bereits genannte neuere Publikationen sowohl von einem neuen „Ansatz zum Verständnis der Hirnfunktion des Menschen" sprechen lassen, als auch (eventuell damit gleichzeitig) eine neue „Grund-Grammatik" im Rahmen einer „Soziologie der Weltbeziehungen" eröffnen. So hat z. B. H. Rosa, Prof. für Allgemeine und Theoretische Soziologie getitelt: „Resonanz. Eine Soziologie der Weltbeziehung". H. Rosa schreibt in Kapitel IX unter der Überschrift „Vertikale Resonanzachsen 1. Die Verheißung der Religion":

„Etwas ist da, ist gegenwärtig": Das ist (mit M. Merleau-Ponty) die „Grundform aller Weltbeziehung" und er schreibt weiter: „Religion kann man also verstehen als die in Riten und Praktiken, in Liedern und Erzählungen, zum Teil auch

---

18 vgl. Fuchs, Thomas: Das Gehirn – ein Beziehungsorgan. 6.erweiterte und aktualisierte Auflage, Kohlhammer Stuttgart 2021, S. 106
19 vgl. Scheurle, Jürgen H.: Das Gehirn ist nicht einsam: Resonanzen zwischen Gehirn, Leib und Umwelt. 2. ü. a. Aufl. Stuttgart 2016

in Bauwerken und Kunstwerken erfahrbar gemachte Idee, dass dieses ‚Etwas' ein antwortendes, ein entgegenkommendes – und ein verstehendes ist". „GOTT ist dann im Grunde die Vorstellung einer antwortenden Welt. Religion wird in dieser Perspektive tatsächlich zu einer spezifischen Form der Beziehung, welche in den Kategorien der Liebe und des Sinns die Gewähr dafür zu geben verspricht, dass die Ur- und Grundform des Daseins eine Resonanz und keine Entfremdungsbeziehung ist."[20]

Wir nehmen diese Ausführungen mit großem Interesse zur Kenntnis. Aber wir wollen auch sehr betont anmerken, dass das, was oben in unserem Zusammenhang „Schöpfer-Geschöpf-Resonanz" genannt wurde, zwar von den angedeuteten Diskussionen beeinflusst ist, jedoch hat unsere Basis-Formulierung der Sache nach ihren Ort dort, wo und wenn man sich im biblischen Sprachraum der Psalmen aufhält und wenn man eben auch z. B. die ‚Welt' als „Schöpfung" wahrnimmt und wenn der ‚Mensch' als „Geschöpf Gottes" gesehen wird.

Unser Reden von der „Subjektivität des Menschen" ist durchaus mehrperspektivisch und bezieht sowohl biblische Texte als auch Aspekte der Neurowissenschaft ein und beruft sich dabei insbesondere auf die Publikationen von Th. Fuchs „Das Gehirn –ein Beziehungsorgan" und H. J. Scheurle „Das Gehirn ist nicht einsam: Resonanzen zwischen Gehirn, Leib und Umwelt".

Mit Blick auf das im Folgenden noch Auszuführende sei vorab schon darauf hingewiesen, dass sich nahezu parallele Intentionen bei der biblischen Erzählung von der Erschaffung

---

20 Rosa, Hartmut: Resonanz: Eine Soziologie der Weltbeziehung. Suhrkamp Verlag; 5. Edition Berlin 2016, S. 435

‚Subjektivität' in der Perspektive der Neurowissenschaft 19

des Menschen Genesis 2,7 und bei der von Th. Fuchs entwickelten und von H. J. Scheurle gestützten Konzeption „verkörperter Subjektivität" erkennen lassen.

Th. Fuchs ist davon überzeugt, dass das geistig-seelische ‚Leben' und das biologisch körperlich-leibliche ‚Leben' so eng ineinander verschlungen sind, dass man „Leib und Seele" nicht wirklich auseinanderhalten kann. Die schon seit R. Descartes allgemein akzeptierte Basis-Unterscheidung von Materie und Geist hält Th. Fuchs im Hinblick auf den Menschen für einen irreführenden Dualismus.

Auch in der Genesis-Erzählung sieht man die „Lehm-Gestalt" mitsamt dem ihr „eingehauchten Lebens-Oden" als ein ‚Individuum', als eine lebendige „Näphäsch"[21]. Und nun tritt auch die Geschichte einzelner „verkörperter Individuen" hervor [22].

Es beginnen nun die Geschichten des Schöpfers mit seinen Geschöpfen. Insbesondere im Hinblick auf den Menschen hat Th. Fuchs einen „neuen qualifizierteren Begriff von ‚Leben' " gefordert: „Die körperlichen, seelischen und geistigen Leistungen des Menschen gehen nicht vom Gehirn aus, sondern sie entspringen unmittelbar aus der Wechselwirkung von Organismus und Umwelt. Damit gewinnt der Leib seine zentrale Bedeutung wieder und es zeigt sich auch ein neuer Ansatz zum Verständnis der Hirnfunktion des Menschen.".[23]

Aus dem Bereich der Neurowissenschaft wurde und wird immer wieder sehr deutlich gemacht, dass zum Blick auf ein personales Subjekt ganz unerlässlich auch der Blick

---

21 Gen 2,7
22 vgl. Gerhardt, Volker: Selbstbestimmung: Das Prinzip der Individualität. Reclam, Philipp, jun. GmbH, Verlag; 2., erweiterte Edition
23 vgl. Fuchs

auf die „biographische Dauer" gehört. Sehr vereinfacht formuliert: Das Gehirn kann in seine Aufgaben und in seine Leistungsfähigkeit nur dann „hineinwachsen", wenn ihm dafür die (individuell) nötige Zeit zur Verfügung steht. In diesem Zusammenhang sei auch daran erinnert, dass H. Markl (langjähriger Präsident sowohl der Deutschen Forschungsgemeinschaft als auch der Max-Planck-Gesellschaft) immer wieder sehr betont die Geschichte als Entwicklungs-Geschichte, in biologischer Perspektive, ins Licht gerückt hat.[24]

C Die Rede vom „transzendenten Trieb"

bzw. vom „Erweiterungs-" / „Entgrenzungstrieb" in der Neurowissenschaft

Diese Diskussion wurde vielleicht eröffnet durch L. Tebartz van Elst, (Professor für Psychiatrie und Psychotherapie der Universität Freiburg). Er hat publiziert: „Jenseits der Freiheit: Vom transzendenten Trieb."

Im Kontext des Redens von ‚Seele' bzw. von Näphäsch-Seele könnte dieser Hinweis gerade dann von sachlicher Bedeutung sein, wenn Näphäsch-Seele als „Gabe des Schöpfers" und als „dauerhafte Schöpfer-Geschöpf-Resonanz" verstanden wird. Dann könnte sich auch der Gedanke an einen „dauerhaften Trieb" oder an die Formulierung, der Mensch sei „unheilbar religiös" nahelegen.

---

[24] vgl. z. B. Markl, Hubert: Schöner neuer Mensch? Piper München 2002

II Wir in einer Geschichte – immer auf dem Weg!

Einführung: Vom Menschen reden heißt von Geschichte reden.
 Ein Blick auf das Gattungswesen ‚Mensch' ist unmittelbar mit der Wahrnehmung dessen verbunden, dass „der Mensch" eine Geschichte hinter sich hat und auf ‚Zukünftiges hin' lebt. Dies gilt im Hinblick auf das Gattungswesen und auch im Hinblick auf das Individuum.

A Neurowissenschaftliche Einsichten zur geschichtlichen Dimension biographischer Prozesse

Bevor wir uns ausführlicher dem weiten Feld „Der Mensch in seiner ‚Geschichte' " zuwenden, sei nochmals festgehalten, dass wir bezüglich der Basis unseres Selbstverständnisses von „unserer lebensweltlichen Selbsterfahrung" ausgehen, in der wir keine Trennung von Geist und Körper erleben: Wir erleben / erfahren uns in einem sowohl als leiblich-verkörperten als auch als seelisch-geistigen Wesen und wir sind eben das, was wir auch als ‚Personen' bezeichnen.

Erst auf dieser Basis können wir dann fragen, wie das Gehirn auf biologischer Ebene zur Einheit der Person beiträgt. Die erste zentrale These der Untersuchung wird lauten, „dass alle seine Funktionen die Einheit des Menschen als Lebewesen voraussetzen und nur von ihr her zu verstehen sind"[25]. Dazu müssen wir zunächst einen adäquaten Begriff des Lebendigen entwickeln, der in den gegenwärtigen

---

25 Fuchs, Thomas: Das Gehirn – ein Beziehungsorgan. 6.erweiterte und aktualisierte Auflage, Kohlhammer Stuttgart 2021, S. 22

biomedizinischen Wissenschaften weitgehend fehlt. Die zweite These wird lauten, „dass die höheren Gehirnfunktionen den Lebensvollzug des Menschen in der gemeinsamen sozialen Welt voraussetzen. Dazu bedarf es einer Konzeption menschlicher Entwicklung als kontinuierliche Verankerung von Erfahrungen in den psychischen und zugleich zerebralen Strukturen des Individuums, im Sinne einer kulturellen Biologie".[26]

„Die Dimension des Lebendigen verankert das Gehirn im Organismus und seiner natürlichen Umwelt; die soziokulturelle Dimension verankert es in der gemeinsamen menschlichen Welt, von der es lebenslang geprägt wird und ohne die seine spezifisch humanen Funktionen gar nicht begreiflich werden können. Beide Dimensionen vereinigen sich zu einer entwicklungs- und sozialökologischen Sicht des menschlichen Gehirns als Organ eines zoon politikon, eines Lebewesens, das bis in seine biologischen Strukturen hinein durch seine Sozialität geprägt ist. Das Gehirn erscheint darin zunächst als ein „Organ der Vermittlung", das die vegetativen und sensomotorischen Beziehungen zwischen dem Organismus und seiner Umwelt ermöglicht, dabei aber auch so umwandelt und verdichtet, dass es für den Menschen zum Medium einer neuen intentionalen Beziehung zur Welt werden kann. Damit steigern sich primäre Lebensprozesse zu seelischen und geistigen Lebensvollzügen mit zunehmenden Freiheitsgraden. Zugleich öffnet sich das menschliche Gehirn einer lebenslangen Prägung durch zwischenmenschliche und kulturelle Einflüsse: Es wird zu einem sozialen, kulturellen und geschichtlichen Organ – zum Organ der Person"[27]. Das

---

26 vgl. Fuchs a.a.O., S. 22
27 vgl. Fuchs a.a.O., S. 22

beim Blick auf die Person die Bedeutung der „geschichtlichen Erstreckung" von „Neurowissenschaftlern" (etwa von Th. Fuchs) immer wieder betont wird, hängt auch damit zusammen, dass es sich gerade auch bei neurowissenschaftlichen Untersuchungen immer um „Moment-Aufnahmen" handelt und dass man sich auch als Forschender immer dessen bewusst sein muss, dass es so etwas wie eine „Entwicklung" vorher gegeben hat und dass beim Blick auf eine konkrete Person im Normalfall immer auch die Möglichkeit einer weiteren (fortlaufenden) Entwicklung mitgedacht und „offen gehalten" werden sollte.

Wir wenden uns wieder der biblischen Tradition zu und richten nun unseren Blick zunächst auf:

B Die biblische Spur von Geschichte

Als Einstieg in die (biblisch belegte) israelitische Auffassung von Geschichte wählen wir Ausführungen von E. Voegelin, der in seinem großen Werk „Ordnung und Geschichte Bd. 2. Israel und die Offenbarung – Die Geburt der Geschichte" die These vertreten hat, dass „die Idee der Geschichte ihren Ursprung in der hebräischen Bibel, im Gedanken des Bundes zwischen Gott und Mensch hat"[28]. Diese These hat er damit begründet, dass „die mosaische Symbolik einer gemeinsamen Existenz unter dem Willen Gottes, wie sie in seinen Weisungen offenbart wurde, im Verlauf der israelitischen jüdischen und christlichen Geschichte einen kontinuierlichen

---

28 Voegelin, Eric: Ordnung und Geschichte: Ordnung und Geschichte 2. Israel und die Offenbarung – Die Geburt der Geschichte. Wilhelm Fink Verlag München 2005, S. 86

Artikulationsprozess durchlaufen hat, aus dem dann u.a. die Idee der Geschichte hervorging"[29].

Bevor wir uns im weiteren Verlauf unserer Darlegungen und Erwägungen auf das biblische Reden von Gottes Wirken im Raum der Geschichte einlassen, ist es vielleicht hilfreich, wenn wir zuvor jene Barrieren sowohl benennen als auch erörtern, die sich uns eventuell in den Weg stellen könnte, wenn wir (zunächst einmal „unreflektiert") von Gottes Handeln in der Geschichte zu sprechen beginnen.

Wenden wir uns an einen Fachmann:

C Ein Quantenphysiker und Theologe bezieht Stellung zur Frage nach dem Wirken Gottes in der Geschichte

Wir wollen uns einer ganz spezifischen Problem-Wahrnehmung stellen und erörtern, ob bzw. wie unter den Verstehens-Bedingungen eines von Naturwissenschaften geprägten Denkens das Reden von einem „Handeln Gottes" in der Geschichte möglich sein kann.

Von dem diplomierten Quantenphysiker und habilitierten Theologen Dr. U. Beuttler lassen wir uns in „Denk-Möglichkeiten" für ein Wirken Gottes in der Zeit einführen und erhoffen uns dadurch die Eröffnung eines Denkraumes, innerhalb dessen das Reden von einem Wirken Gottes im Raum der Geschichte insofern „denkmöglich" wird, als die Pseudo-Barriere. Dies wäre gleichbedeutend mit einem „Durchbrechen der Naturgesetze" das „vom Quantenphysiker aus dem Weg geräumt" wird.

---

29 vgl. Voegelin a.a.O., S 86

Dr. U. Beutler hat in seinem Aufsatz „Die offenen Dimensionen des raumzeitlichen Weltgeschehens" (in NZSyst.Th.2006) und in dem Band „Gottesbilder an der Grenze zwischen Naturwissenschaft und Theologie" unter der Überschrift „Gottes Wirken in der Zeit" im Abschnitt „Das Gottesbild des aktual schöpferischen Gottes" folgendes für unsere Fragestellung grundlegend Wichtige und auch für Laien ansatzweise verständlich ausgeführt:

„Gott wirkt in der Zeit, und zwar genau am Schnittpunkt der gerade entstehenden Zeit, im Jetzt." „Er selbst geht nicht auf in der zeitlichen Struktur der Welt; er bleibt der offene Inbegriff der Möglichkeiten. Aber Gott geht ein in die zeitliche Welt, wird im Jetzt aktiv und realisiert seine Potenzen. Dieser Gott ist... der teilnehmende Gott, der gegenwärtig werdende Gott. Er kommt aus der Zukunft der Gegenwart entgegen und gibt ihr Gestalt. Dabei handelt er teilnehmend, bezieht sich auf die bisherige Struktur der Welt und schreibt sie fort. In seiner Treue erhält er die Welt; aber er führt sie auch weiter und erneuert sie."[30]

„Gott wirkt nicht von außen, sondern im Inneren der Welt." „Die Schöpfung hat Kontinuität, sie ist aber auch ständig neu."

„Gott wirkt innovativ, in ... Eröffnung von Zukunft, in Eröffnung von neuem Leben im Jetzt."[31]

Diese Sätze eines Quantenphysikers können wir ebenso wie die folgende Abschluss-Formulierung des Fachwissenschaftlers nur „auf Treu und Glauben annehmen": „Das Gottesbild des christlichen Glaubens und das

---

30 vgl. Souvignier, Georg / Lüke, Ulrich / Schnakenberg, Jürgen / Meisinger, Hubert (Hrsg.) Gottesbilder an der Grenze zwischen Naturwissenschaft und Theologie. wbg Academic 2009
31 vgl. Souvignier, Lüke, Schnakenberg, Meisinger, Hubert (Hrsg.)

Naturbild heutiger Wissenschaft vermögen zu korrespondieren, so dass man mit guten Gründen an den in der Welt wirkenden Gott glauben kann."[32]

Bei der israelitischen Geschichtsschreibung ging es nach E. Voegelin „von Anfang an um Weltgeschichte im prägnanten Sinne eines Berichts über das Aufkommen einer göttlich gewollten Ordnung in Welt und Gesellschaft durch Gottes Handeln in Schöpfung und Bundesschluss"[33]. Dabei spielte das in Psalm 136 dokumentierte Leitprinzip israelitischer Geschichtsauffassung schon immer eine zentrale Rolle. Wie ein Refrain erklingt in Psalm 136 jeweils nach der Aufzählung von „Gottes Wunder in Schöpfung und Geschichte": „denn seine Güte währet ewiglich".[34]

Beim sorgfältigen Blick auf das Verständnis des Menschen in der Bibel fällt auf, wie sehr uns gerade in der hebräischen Bibel die Dimension ‚Geschichte' immer wieder in den Blick gerückt wird. Dies veranlasst uns, zunächst einen Blick auf eine inzwischen schon vor Jahrzehnten angestoßene sehr grundsätzliche Diskussion zu werfen:

---

32 vgl. Souvignier, Lüke, Schnakenberg, Meisinger, Hubert (Hrsg.)
33 vgl. Voegelin a.a.O., S 87
34 vgl. Voegelin a.a.O., S 53

III Die biblische Tradition als „große Erzählung"?

Es liegt nahe, hinführend spontan zu sagen: Beim Lesen der Bibel begegnen wir einer ganz „großen Erzählung". – Aber seit Jean-Francois Lyotard 1982 zunächst in einer Zeitschrift und dann in seinem Buch „Das postmoderne Wissen" die „Auflösung der großen Erzählungen" als Grundlage für gesellschaftlichen Zusammenhang sowie für die Erörterung von Fragen nach Gerechtigkeit und Wahrheit konstatierte, ist eine Diskussion um das Ende der „großen Erzählungen" entbrannt, um das Ende eben jener Narrative, jener nahezu geschichtsphilosophischen Entwürfe vom kontinuierlichen Zuwachs an Emanzipation usw.

Die Diskussion um das „Ende der großen Erzählungen" ist keineswegs abgeschlossen und untergründig gibt es vielleicht sogar ein regelrechtes Bedürfnis nach „großen Entwürfen", nach Narrativen, die uns „Sinngebung" zuspielen und uns „motivieren". Faktisch gibt es ja auch ein vielfältiges Sinn-Angebot. Man könnte geradezu sagen „der Markt boomt". Dabei muss man keineswegs nach ‚Exotischem' Ausschau halten!

Es ist kaum zu bestreiten, dass uns gerade die biblische Tradition Erzählungen und eben auch „eine große Erzählung" anbietet, die uns sowohl legitimierende als auch „sinnstiftende" und ermutigende bzw. motivierende Elemente zuspielt.

Gleichwohl wäre es gewiss fatal, wenn die „Sachwalter biblisch-christlicher Tradition" mit einem vollmundigen „wir haben eine große Erzählung" gegen eine offenbar gewachsene „Orientierungslosigkeit" und eventuell gar gegen

Verzagtheit und Mutlosigkeit antreten wollten! Aber sollen wir uns denn tatsächlich die Frage verbieten lassen, ob die biblisch-christliche Tradition neben „ethischen Intuitionen" nicht doch auch tatsächlich sowohl „Normatives" als auch „Hoffnungs-Impulse" freizusetzen vermag? Damit ist schon angedeutet, auf welche Interpretationsschiene wir uns jetzt begeben. Vielleicht wäre es in der Tat sowohl notwendig als auch möglich, das Profil der Botschaft der christlichen Kirchen unter Verweis auf die biblische Tradition deutlicher zu konturieren.

Der Blick in die hebräische Bibel lässt uns für die Zeit sowohl vor als auch nach der „Babylonischen Gefangenschaft" sehr deutlich erkennen, das es Selbstverständnis des Volkes Israel und das Nachdenken über jüdische Identität gab und diese sind aufs engste mit ‚Geschichte' verbunden. In der jüdischen Glaubens- und Frömmigkeitsgeschichte hat man immer wieder auf „die große Erzählung" (Exodus) verwiesen und eben daraus Ermutigung, Trost und Hoffnung erfahren. Man sollte vielleicht aber wohl neben der immer wieder neu vergegenwärtigten „großen Exodus-Erzählung" z. B. auch auf Psalm 136 blicken.

Christen werden den Blick vor allem auch auf das „Neue Testament" richten.

Vielleicht darf man dann versuchen, eben dies im Gesamtverbund unter den eher „zeitgenössischen Begriff" „narrative Identität" zu fassen, weil dieser Begriff und das damit Angesprochene uns dabei helfen können, gleichsam eine Brücke von der Vergangenheit zur Gegenwart zu schlagen.

Die Bedeutung der „narrativen Identität" für die jüdische Glaubensgemeinschaft, für die jüdisch-israelitische Existenz insbesondere nach dem ‚Exil' hat man ja (im Rahmen der Wissenschaft vom AT) mehrfach sorgfältig dargelegt. Im

Die biblische Tradition als „große Erzählung"? 29

nachexilischen Israel hat man die große Exodus-Befreiungs-Geschichte wieder und wieder neu „erzählt und vergegenwärtigt". Das eben dies in gewisser Weise auch ganz aktuell noch der Fall ist, was bei der 1996 gehaltenen Rede des israelischen Staatspräsidenten Ezer Weizmann im Deutschen Bundestag in Bonn geradezu „öffentlich geworden" ist. Aus der Rede seien die folgenden eindrücklichen Sätze zitiert:

„Ich war überall mit dabei. Ich war ein Sklave in Ägypten und empfing die Thora am Berg Sinai, und zusammen mit Josua und Elijah überschritt ich den Jordan. Mit König David zog ich in Jerusalem ein, und mit Zedekiah wurde ich von dort ins Exil geführt. Ich habe Jerusalem an den Wassern zu Babel nicht vergessen, und als der Herr Zion heimführte, war ich unter den Träumenden[35], die Jerusalems Mauern errichteten. (...) Ich habe im Warschauer Aufstand gekämpft und bin nach Erez Israel gegangen, in mein Land, aus dem ich ins Exil geführt wurde, in dem ich geboren wurde, aus dem ich komme und in das ich zurückkehren werde. Unstet und flüchtig bin ich, wenn ich den Spuren meiner Väter folge. Wie ich sie dort und in jenen Tagen begleite, so begleiten mich meine Väter und stehen sie hier und heute neben mir (...) Wie von uns verlangt wird, kraft der Erinnerung an jedem Tag und jedem Ereignis unserer Vergangenheit teilzunehmen, so wird auch von uns verlangt, uns kraft der Hoffnung auf jeden einzelnen Tag unserer Zukunft vorzubereiten."[36]

Solche Sätze des ehemaligen israelischen Staatspräsidenten machen es verständlich, dass man von „Geschichte als der israelitischen Form der Existenz" gesprochen hat.

---

35 Psalm 126,1
36 Deutscher Bundestag: https://www.bundestag.de/parlament/Geschichte/gastredner/weizman/weizman-197116, 22.10.2021

Allerdings musste E. Voegelin darauf aufmerksam machen, dass die hebräische Sprache gar kein Wort hat, das so einfach umstandslos mit ‚Geschichte' zu übersetzen wäre.

E. Voegelin hat seine These, dass „die Idee der Geschichte ihren Ursprung im Bund hat", mit dem (oben schon S. 12 zitierten) Hinweis begründet: „Die mosaische Symbolik einer gemeinsamen Existenz unter dem Willen Gottes, wie sie in seinen Weisungen offenbar wurde, hat im Verlauf der israelitischen, jüdischen und dann auch christlichen Geschichte einen kontinuierlichen Artikulationsprozess durchlaufen, aus dem unter anderem die Idee der Geschichte hervorging"[37].

Es sollte und darf nun natürlich keinesfalls der Eindruck entstehen, dass hier im Zusammenhang mit dem Reden von der Näphäsch-Seele des Menschen in der hebräischen Bibel vor allem Grundlegendes zur jüdischen Glaubensgeschichte thematisiert wird.

Gerade im großen Zusammenhang des Bedenkens der Geschichte Gottes mit seinen Geschöpfen ist sorgfältig darüber nachzudenken, was das „Ereignis Jesus Christus" für die große Geschichte des Schöpfers mit seinen Geschöpfen bedeutet.

---

37 vgl. Voegelin a.a.O., S 53

IV Im „Weitwinkel der Christuszeit"

Die Christuszeit als die ganz Neue Zeit. Das historische Ereignis der Geburt Jesu von Nazareth darf man wohl als einen Neu-Einsatz der Zuwendung des Schöpfers zu seinen Geschöpfen verstehen.

Wir lenken nun also in der gebotenen Kürze den Blick auf die Geburt Jesu von Nazareth, um deutlich werden zu lassen, inwiefern die Geburt Jesu tatsächlich mit einem Neu-Einsatz in der Geschichte des Schöpfers mit seinen Geschöpfen verbunden ist. Wenn dies nicht deutlich wird, droht unser Weihnachtsfest auf ein „Fest des Lichts" und ein „Fest der Mitmenschlichkeit" verkürzt zu werden.

Im Zentrum der im Zusammenhang mit der Geburt Jesu verkündigten ‚großen Freude' geht es in der Folge um etwas ganz unfasslich Neues, das tatsächlich unsere Vorstellungen von menschlicher Geschichte sprengt und uns dazu veranlassen darf und sollte, wirklich ergriffen in den Eingangschor des Weihnachtsoratoriums mit einzustimmen: „Jauchzet, frohlocket!". Die Bach-Trompeten und die Pauken lassen das ganz unfasslich Neue der von uns in ihrer Tragweite noch kaum auszulotenden Botschaft bereits hörbar werden.

Da war fernab der Hauptstadt Jerusalem unter prekären Verhältnissen ein Kind geboren worden, das den Umständen entsprechend zunächst in der jüdischen Tradition heranwuchs.

Im besten Mannesalter brach dann der Herangewachsene insofern mit seiner religiösen Tradition, als dieser herangewachsene Jesus von Nazareth behauptete: Ich sage euch, dass unser Gott, der unser Volk aus der Knechtschaft in Ägypten errettet hat, jetzt seine Herrschaft aufrichten wird.

Der Wander-Rabbi Jesus aus Nazareth nahm für sich in Anspruch: an mir und durch mich könnt und sollt ihr erkennen, was unser Gott unter seiner ‚Königsherrschaft' versteht.

Es geht jetzt darum, dass sich die befreiende und die alle umfassende Liebe und die barmherzige Zuwendung Gottes zu allen seinen Menschenkindern Bahn bricht.

Diese mit Jesu-Geburt verbundene Botschaft begegnet uns nicht als ein Mythos. Jesus von Nazareth war ein Mensch, der in unserer Zeitrechnung, in unserer Geschichte gelebt hat.

Allerdings endete dieser Wanderrabbi am Kreuz und wurde begraben.

Jedoch wenige Tage nach dem Tod des Gekreuzigten bezeugten Jüngerinnen und Jünger von Jesus, sie hätten Begegnungen mit dem Gekreuzigten und jetzt offenbar Auferweckten gehabt. Es entstand rasch ein Kreis derjenigen, die an Jesus Christus als den „auferstandenen Gekreuzigten" glaubten und also auch verkündigten: „Gott hat Jesus von Nazareth nicht dem Tod überlassen; Gott hat ihn auferweckt". In der Folge wurde nun auch über die Geburt dieses Jesus von Nazareth noch anders geredet als in der Erzählung des Evangelisten Lukas: Das Johannesevangelium eröffnet seine Verkündigung mit den Worten: „Im Anfang war das ‚Wort' (der „Logos") und Gott war das ‚Wort' und dieses Wort ward ‚Fleisch' und wohnte unter uns."[38].

Gottes Handeln in bzw. bei der Geburt Jesu von Nazareth hat die ganz neue Zeit hervorgebracht: Gott wohnte unter uns und wir sahen seine Herrlichkeit. Dies konnte man so freilich erst „wahrnehmen" bei bzw. nach den „Ostererfahrungen".

Solch eine Ostererfahrung, solch eine Begegnung mit dem Auferstandenen von besonderer Bedeutung hatte auch

---

38 Joh 1,14

Paulus, der selbstnicht zu den Jüngern Jesu gehört hatte. Als Paulus auf dem Weg nach Damaskus war, um Jesus-Anhänger zu verfolgen[39], erschien ihm der Auferstandene mit den Worten: Saul. „Saul, was verfolgst du mich?". Diese Erscheinung hat das Lebensfundament des Paulus erschüttert und tatsächlich zum Einsturz gebracht. Aus dem Christen-Verfolger Saulus wurde der Christus-Verkündiger Paulus.

Wir leben in unserer Gegenwart nun in der Tat in einer „grundlegend neu fundierten", in der nach-österlichen Geschichtsepoche

Aus den urchristlichen Ostererfahrungen erwuchs der Glaube an Jesus Christus. Und in den urchristlichen Gemeinden war man insbes. dadurch eng miteinander verbunden, dass man die gemeinsame Überzeugung teilte: Gott hat den gekreuzigten Jesus von Nazareth nicht im Tod gelassen. Gott hat ihn auferweckt und zu Jesus, dem Christus, dem König und „unserem Herrn" (Kyrios) „erhöht".

Bald setzte ein von eben diesem Glauben geprägtes Nachdenken ein, das verdeutlichen wollte: Mit Jesus Christus hat ein neuer Abschnitt in der Geschichte Gottes mit seiner Schöpfung und seinen Geschöpfen begonnen. Dieses theologische Nachdenken ist weder beendet noch abgeschlossen. Der Erlanger Theologe D. W. Joest (von 1956–1981 Professor für Systematische Theologie) hat (in Seminaren und Vorlesungen) immer wieder erläuternd betont: „Gott wollte es so". Er wollte sich den Menschen so offenbaren, dass er als Mensch zu ihnen kam, um bei ihnen zu sein bis zum bittersten qualvollen Sterben und über den Tod hinaus.

Diese ganz unfassliche Botschaft konnte man freilich erst nach den Ostererfahrungen so verstehen. Im Menschen Jesus

---

39 Apg 9

von Nazareth und in seinem Geschick (bis hin zu Kreuz und Auferstehung) wurde das durchbrochen und gesprengt, was wir Menschen uns als ‚Geschichte' vorstellen und denken können.

Der biblische Kanon hat die ganze Fülle der Hoffnungs-Texte bewahrt und tradiert. Hoffnung war und ist allerdings auch außerhalb des Bereichs des biblischen ‚Glaubens' ein ‚Thema' (man denke nur an E. Bloch). Der zeitgenössische Theologe und Religionsphilosoph I. U. Dalferth hat jüngst formuliert: „Hoffnung ist mehr als eine Form illusionärer Selbsttäuschung"; „Hoffnung ist unser Sensorium für die Möglichkeit des Guten". Und Dalferth betont: „Die Wende zum Guten beginnt bei Gott. Die Wende zum Besseren beginnt bei uns."[40].

„Besseres ist möglich und Gutes nicht ausgeschlossen. Zum Hoffen ist noch lange nicht alles gesagt und wohl nie das letzte Wort gesprochen."[41]

Nach dieser Weitung unseres Blicks konzentrieren wir uns jetzt wieder auf unser enger gefasstes Thema, auf das ‚Leben' des „verkörperten Subjekts" in seiner engen Verbundenheit mit leiblichem Leben und geistiger Lebendigkeit: Dieses Leben darf von uns als „geprägte Lebendigkeit"[42] dankbar erfahren werden . Eben diese dürfen wir geradezu elementar erfahren als „Ur-Gabe jenes Schöpfers", der seinen Geschöpfen treu

---

40 vgl. Dalfert, Ingolf U.: God first: Die reformatorische Revolution der christlichen Denkungsart; Evangelische Verlagsanstalt Leipzig 2018, S. 32 f
41 vgl. Dalfert
42 Sauter, Gerhard: Berliner Theologische Zeitschrift (BThZ) 34. 34.Jg.Heft 2,2017, S. 308 ff

bleibt bis schließlich gilt: „Der letzte Feind, der überwunden wird, ist der Tod."[43].

Die Geschichte, auf die wir im christlichen Glaubensbekenntnis blicken, erstreckt sich von der Erschaffung der Welt und des Menschen bis hin zur Ansage der durch Jesus Christus geöffneten und vom Auferweckten „gesprengten Geschichte". Sie endet nun mit der Verheißung: „Siehe, ich mache Alles neu". Das heißt nicht, es geht alles weiter. Es heißt aber auch nicht: „Es fängt alles von vorne an!". Wir wissen nicht, was es heißt, wenn der Schöpfer nochmals als Schöpfer in die ‚Geschichte' eingreift. Es heißt aber wohl: Der ‚Schöpfer' und ‚Herr der Geschichte' lässt seine Geschöpfe nicht allein: Er ist es, der an der dauerhaften Schöpfer-Geschöpf-Resonanz festhält.

Deshalb dürfen wir auch im Blick auf die Zukunft getrost und voll Hoffnung leben.

Der biblisch – christliche Hoffnungs-Glaube darf sich nun bis zu der Verheißung erstrecken: „Gott wird abwischen alle Tränen von ihren Augen und der Tod wird nicht mehr sein, noch Leid noch Geschrei noch Schmerz wird mehr sein, denn das Erste ist vergangen."[44]. – Eine Verheißung, die wahrlich den Rahmen unseres Vorstellungsvermögens sprengt!

Gerade dies „Unglaubliche" mag dazu veranlassen, das in christlichen Glaubens-bekenntnissen Festgehaltene zu zitieren. Paulus hat im ersten Korintherbrief programmatisch formuliert: „Einen anderen Grund kann niemand legen außer dem, der gelegt ist, welcher ist Jesus Christus."[45]. Wir denken dabei auch an die Zusage Jesu Christi: „Und siehe, ich bin

---

43 1.Kor 15,27
44 Offb 21,3–5
45 1.Kor 3

bei euch alle Tage bis an der Welt Ende."⁴⁶ „Jesus Christus gestern und heute und derselbe auch in Ewigkeit."⁴⁷

Auf dieser ‚Basis' sind alle eingeladen, die Psalmen als Texte aus der Tradition jüdisch-christlicher religiöser Praxis zu lesen und zu beten. Und wenn in Psalm 103 die Seele aufgerufen wird zu loben und dabei nicht zu vergessen, was ihr an Gutem widerfahren ist, dann meint dies „und vergiss nicht!" wohl gerade auch eben dieses: Auch dir selbst sollte immer wieder neu erzählt und vergegenwärtigt werden, was er dir Gutes getan hat.

Dabei tragen wir allemal durchaus unterschiedliche Wahrnehmungen und Vorstellungen von Seele mit ein, die vielleicht ersatzweise und wechselseitig gebraucht und ausgetauscht werden können. Welche ‚Instanz' soll denn bezüglich eines „korrekten" Begriffs befragt werden und verlässliche Auskunft geben?

Begrifflichkeiten sind allemal mit Problemen behaftet, zumal sie alle je ihre eigene Geschichte haben und durchaus sowohl modifizierbar als auch grundsätzlich wandelbar sind. Es gab z. B. Epochen, da wurde ganz betont „Individualität" als Lebensaufgabe begriffen. Denkt man jedoch an „Individualität", so könnte man auch gleich an „Kollektivität" denken. Chr. Gestrich hat sogar die Formulierung vorgeschlagen, dass die Seele ihren Ort habe am „Schnittpunkt von Individualität und Kollektivität"⁴⁸. Dazu könnte auch die Überlegung passen, dass die „Seele verschiedenartige Gegebenheiten des Lebens zusammenhält"⁴⁹.

---

46 Mt. 28
47 Hebr 13,8
48 Gestrich Christof: Die menschliche Seele – Hermeneutik ihres dreifachen Wegs. Mohr Siebeck Tübingen 2019, S. 13
49 Gestrich a.a.O., S. 13

Hingewiesen sei nebst der Publikation von Chr. Gestrich auch auf die jüngst erschienene Publikation von J. Haberer „Die Seele, Versuch einer Reanimation".

Bezüglich der Begrifflichkeiten gilt wohl: „Alle bereits erwähnten Begriffe wie etwa mein ‚Inneres', mein ‚Selbst', mein ‚Ich', meine „Identität" haben je eine lange Begriffsgeschichte. Dazu hat schon Nietzsche den tiefsinnigen Gedanken geäußert, dass nur Begriffe, die keine Geschichte haben, durch Definitionen eindeutig festzulegen"[50] seien. Joas selbst ermahnt a.a.O. aus gutem Grund: „Jede ernsthafte definitorische Arbeit (...) muss das Begriffsfeld als Ganzes in den Blick nehmen". Das Gesamt dessen, was zum Begriffsfeld ‚Seele' gehört, ist freilich kaum abzugrenzen! Welche Konsequenzen wären also aus der von Joas ins Spiel gebrachten Forderung zu ziehen?

„Vorschreiben" lässt sich die Verwendung von bestimmten „Begriffen" ohnehin nicht. Sorgfältige Überlegungen zum Problem der Begrifflichkeiten und ihrem jeweiligen „Denkrahmen" finden sich auch in dem Band „Philosophie der Verkörperung: Grundlagentexte zu einer aktuellen Debatte"[51].

Wenn wir uns begrifflich und inhaltlich „verständigen" und „austauschen" wollen, wird man eben dafür Schritt für Schritt auf dem Weg und im Gespräch bleiben müssen.

---

50 Joas, Hans: Im Bannkreis der Freiheit: Religionstheorie nach Hegel und Nietzsche. Suhrkamp Verlag Berlin 2020, S. 225
51 vgl. Fingerhut, Joerg, Hufendiek, Rebekka, Wild, Markus: Philosophie der Verkörperung: Grundlagentexte zu einer aktuellen Debatte. Suhrkamp Verlag Berlin 2. Aufl. Berlin 2017, S. 9

V Soziale Konstruktion von Wirklichkeit

Mit dem Ziel einer einführenden Klärung des Phänomens „Zuschreibung" blicken wir nun noch in Anlehnung an W. Prinz (einem der einst führenden Köpfe am Max-Planck-Institut) auf das, was man „soziale Konstruktion von Subjektivität" nennt.[52]

Die soziologische Metatheorie des Sozialkonstruktivismus geht davon aus, dass die individuelle Ausprägung einer Person (ihre Subjektivität) weitgehendvon der in der Gesellschaft gelebten und deshalb auch die einzelnen Mitglieder der Gesellschaft prägenden „Kultur" abhängig ist . Das Etikett „soziale Konstruktion" wurde jüngst noch als „Kampfformel" im Deutungsstreit um die gesellschaftliche Wirklichkeit, insbesondereim Rahmen der „Gender-Debatte", gebraucht . Die aktuelle gesellschaftliche Rolle der Frau wollte man nicht als etwas „Naturgegebenes" hinnehmen. Man wollte sie vielmehr als das faktische Ergebnis „gesellschaftlicher Zuschreibungen" verstehen.

Zuschreibungen sind dann, wenn sie das allgemeine Bewusstsein bestimmen und zu sowohl individuell als auch gesellschaftlich akzeptierten Deutungsformulierungen geworden sind, nicht einfach nur „Zugeschriebenes". Tatsächlich können sie die ‚Wirklichkeit' höchst folgenreich verändern. W. Prinz hat sogar formuliert: „Soziokulturelle Tatsachen sind zwar Artefakte, aber keine Illusionen. Sie sind so wirklich und so wirksam wie Naturtatsachen."[53].

---

52 vgl. Prinz, Wolfgang: Selbst im Spiegel: Die soziale Konstruktion von Subjektivität. Suhrkamp Verlag Berlin 2016
53 Joas, a.a.O., S. 25

Dabei sind „Zuschreibungen" nichts „Außergewöhnliches". So vollzieht z. B auch eine Zuschreibung, wer von „Subjektivität" redet, etwa die „Zuschreibung" von „Individualität" und „Selbstbestimmung".

Bezüglich des christlichen Redens von Seele gehen wir nun davon aus, dass es sich bei dem an der Bibel orientierten Reden von ‚Seele'[54] schon „von Anfang an" im wahrsten Sinne des Wortes um eine „als Erzählung" gestaltete „Zuschreibung" handelt – eben um die schriftliche Zu- und Festschreibung dessen, was man als „Wort Gottes" lesen und verstehen wollte / sollte: „Beseelte ‚Lebendigkeit' ist eine Gabe des Schöpfers".

---

54 Gen 2,7

VI Die betende und hoffende Seele

Solange ein Mensch lebt, ist er auf dem Weg. Er ist und er bleibt unterwegs. Die hebräische Bibel präsentiert uns Abraham als Urbild jenes Menschen, der sich von Gott hat auf den Weg rufen lassen und der im Vertrauen auf Gottes Verheißung aus dem ihm Vertrauten aufbrach und in die „Fremde" zog, um eben jene Wege zu gehen, die Gott ihm zeigen würde. Abraham durfte in der begründeten Hoffnung leben, dass Gott ihn führen werde und dass Gott dabei zu seinen Verheißungen und Zusagen steht. Der Gott ist ja jener Bundesgott, der sein Volk schon durch die Wüste führte und der es weiterhin führen will. Er wollte von Anfang an bei seinem Volk sein, weil er bei seinen Geschöpfen wohnen will. Auf diesem Boden wuchs „die begründete Hoffnung, dass Gott auch nun weiterhin bei seinen Geschöpfen wohnen will und wird". Dieses Vertrauen und diese Hoffnung haben damals auch zum Bau des ersten Tempels in Jerusalem geführt.

Diese Hoffnung erwächst nicht aus den menschlichen Möglichkeiten. Es ist eine Hoffnung wider Erwarten, die eben gerade als Hoffnung (in der Form der Hoffnung) „das noch Unabgegoltene" bewahrt und weiterträgt. H.G. Ulrich fügt noch hinzu: „Diese Hoffnung dürfen die teilen, die ohne Heimat sind und sie dürfen mit Gott in seiner Regentschaft jetzt schon leben.". Es ist nicht jene Hoffnung, die Menschen sich machen, um sich gegen eine fragwürdige Wirklichkeit zu stellen. Eine solche selbstgemachte Hoffnung könnte nicht wirklich trösten. „Es geht aber darum, für diese eine Hoffnung zu bezeugen, deren Hoffnung keinen (vorfindlichen) Anhalt findet. Ihnen darf das Zeugnis von der begründeten Hoffnung nicht geschuldet bleiben."[55] Darin bestünde auch der „missionarische Charakter" christlicher Ethik.[56] „Jede Ethik ist gefragt, ob sie von einem Ethos zu reden weiß, dass eine begründete Hoffnung bezeugt."

„Die Hoffnung kennzeichnet die menschliche Existenzform als geschöpfliche."

Die Dramatik des geschöpflichen Lebens hat ihre Basis in der Zusage: „Ich bin der Herr, dein Gott, der dich aus Ägyptenland geführt hat. Und diese Zusage zielt eben darauf, dass die Geschöpfe Gottes in eben dieser Geschichte bleiben, die Gott angefangen hat.".

Die christliche Hoffnung ist als nachösterliche Hoffnung ganz spezifisch geprägt durch den Glauben an den auferweckten Gekreuzigten.

An Ostern feiern Christen gerade diese Hoffnung, dass der Schöpfer sein Geschöpf, das er durch die Gabe der Näphäsch-Seele ins Leben gerufen hat, eben nicht dem Tod überlässt.

Der an die ‚Ostererfahrungen' gebundene Auferstehungsglaube lenkt den Blick nochmals auf Jesus von Nazareth, der gerade in den Erscheinungen als der „auferweckte Gekreuzigte"[57] erfahren wurde. Der Mensch „Jesus von Nazareth" wird uns in den Evangelien bzw. im ganzen Neuen Testament als ein Mensch gezeigt, für den gerade auch dies als Mensch konstitutiv war, was wir „Schöpfer-Geschöpf-Dauer-Resonanz" [Seele] genannt haben.[58] Der

---

55 Ulrich, Hans G.: Wie Geschöpfe leben: Konturen evangelischer Ethik. LIT Verlag Berlin 2007, S. 39 ff
56 Ulrich a.a.O, S. 33
57 vgl. Dalfert a.a.O.
58 vgl. auch den Hinweis bei Martin Hengel im Rahmen seiner großen Studie „Jesus und das Judentum"

Text über die Situation „im Garten Gethsemane"[59] geht nach Hengel vermutlich auf eine Erinnerung des Petrus zurück: Jesu Seele ist „betrübt bis an den Tod" und er wendet sich im Gebet an seinen ‚Vater'.

Die Psalmen hat auch Jesus von Nazareth als „Gebetbuch" gekannt.

Man kann diese Psalmen vor allem deshalb als Textbuch der Seele bezeichnen, weil wir vom ersten bis zum letzten Psalm des AT erkennen können, dass sich die Dynamik des „seelischen Lebens" von der Klage „aus tiefster Tiefe" bis hin zum „himmlischen Lobpreis" erstreckt. Die Beter werden Schritt für Schritt einen Weg geführt über die Schilderung des Leids und des Elends und über flehentliches Hilfe-Bitten bis hin zu Hoffnungs-Schritten und schließlich bis zu gemeinsamem Lob und Dank in der Gemeinde der Geretteten hin: „Unsere Väter hofften auf dich; und da sie hofften, halfst du ihnen heraus."[60]. Die biblischen Gebete und Geschichten wollen dazu anleiten, menschliches Leben als das zu entdecken, was es sein darf: „geschöpfliches Leben". Es sei hier nochmals eigens darauf hingewiesen, dass wir im Rahmen der Perspektive der Neurowissenschaft ganz ähnliche Aussagen über die Bedeutung der ‚Geschichte' für die „Subjektivität" eines Menschen finden wie im Rahmen einer biblisch fundierten „theologischen Anthropologie". Menschliches Leben vollzieht und erfüllt sich in einer bestimmten Geschichte. Dabei mag es zunächst offen bleiben, ob wir vom ‚Ich' eines Menschen sprechen oder von seiner Seele oder von seiner „Identität". Wir machen dies in unserem jetzigen Kontext an der in Psalm 103 formulierten und gleichsam „dauerhaft

---

59 Mk 14,34
60 Psalm 22,4

festgemachten" Aufforderung fest: „Lobe den Herrn, meine Seele, und vergiss nicht, was er dir Gutes getan hat"[61]. Diese Aufforderung „und vergiss nicht" sollte man tatsächlich bezüglich dessen, was in dieser Formulierung impliziert sein kann, sorgfältig „ausloten".

Um nun nicht selbst mit „steilen Thesen" aufwarten zu müssen, sei an dieser Stelle ein ausführlicheres Zitat aus dem Büchlein von R. Rorty gestattet: „Eine Kultur ohne Zentrum. Vier philosophische Essays". D. C. Dennett macht in seinem Buch: „Consiosness Explained" den Vorschlag, wir sollten uns das menschliche Ich als >narrativen Schwerpunkt< vorstellen. Dieser Vorschlag schließt Gedanken über „Selbst-Erschaffung" / „ Selbst-Neubeschreibung" ein, die sich bei Sartre und neuerdings auch in den Arbeiten von Ch. Taylor finden. Alle drei Autoren sind der Ansicht, dass sich das Ich ändert, sobald es eine andere Geschichte darüber erzählt, wer es selbst ist (also z. B. eine Geschichte der Art, die man sich selbst erzählt, nachdem man eine neue Ehe geschlossen, sich einer Psychoanalyse unterzogen, an einem Krieg teilgenommen oder für eine politische Bewegung gekämpft hat). Mit der Änderung solcher Geschichten ändert sich auch der eigene Schwerpunkt, die moralische Identität.

---

61 Psalm 103,2

VII Aspekte des Phänomens „narrative Identität"

(1) Individuelle Identität/‚Persönlichkeit'

Es mag nun zwar vielleicht „übergriffig" klingen, soll aber als Versuch einer schlichten „Beschreibung" dessen gelesen werden, was uns aus dem Raum philosophischer Anthropologie als konstitutives Element von ‚narrativer Identität' zugespielt wird: Wir leben alle in einer ‚Geschichte', gehören in „unsere ‚Geschichte'" hinein, wobei jeder „seine ‚Geschichte' " hat und eben jeder in den großen Rahmen einer ‚Geschichte' hineingehört, in der „seine individuelle Geschichte" ihren Ort hat. Man wird nicht sagen können, dass wir uns unsere Geschichte aussuchen können. Aber vielleicht lässt sich sagen, dass wir uns in eine ganz bestimmte hineinerzählen dürfen; in eben unsere Geschichte. Und man wird auch sagen dürfen, dass wir dieses „Hineinerzählen"faktisch schon seit immer „vollziehen" und eben damit „entscheiden", in welcher „Geschichte wir unsere Identität finden".

Gen 2,7 wurde im Kontext unserer Ausführungen als Beginn der Geschichte des ‚Schöpfers mit seinem Geschöpf', das er „ins Leben gerufen" hat, interpretiert und mit dem er solch eine, bzw. seine Geschichteeröffnet, begonnen hat (s.o.). Und eben dies ist nicht irgendeine beliebige Geschichte! Es ist jene ganz große Geschichte, deren Beginn uns in den Texten des AT überliefert wurde.

Als Israel nach der Gefangenschaft in Babylon neu zu seiner Identität finden musste, hat es diese seine Geschichte neu erzählt und im Erzählen immer wieder neu vergegenwärtigt.

Daran sollten wir uns gerade jetzt erinnern, weil die Näphäsch-Seele dazu aufgefordert wird, nicht zu vergessen,

„was Gott ihr Gutes getan hat"[62] und eben gerade diese „Näphäsch" als „verkörperte Subjektivität" in ihrer zeitlichen Erstreckung unmittelbar mit der zeitlichen Erstreckung des schöpferischen Wirkens des „Herrn der ‚Geschichte'" verbunden sein lässt, der seiner Schöpfung (im Sinne von creatio continua) treu verbunden bleibt. Gerade nach der Rückkehr aus der Gefangenschaft hat die jüdische Glaubensgemeinschaft ihre Identität dadurch wiedergefunden und „rekonstruiert", dass sie ihre ‚Geschichte' als „Befreiungsgeschichte" erzählte und das Vertrauen auf „ihren Bundes-Gott" so konsturierte.

Im Rahmen unserer Überlegungen haben wir zu zeigen versucht, warum wir es unter Verweis auf biblische Texte (Gen 2,7) und unter Verweis auf Ausführungen von angesehenen Neurowissenschaftlern für sachgemäß halten, ‚Seele' als „uns zugeschriebene" dauerhafte Schöpfer-Geschöpf-Resonanz zu verstehen.

Wenn wir, vom biblischen Kanon ausgehend, nun den Blick weiten und auch in die ‚Zukunft' lenken und fragen, worauf sich unsere Hoffnung richten darf, so werden wir im Sprachraum der biblisch-christlichen Tradition natürlich an die neutestamentliche Verkündigung verwiesen und wir dürfen – auf eine recht verkürzte Formulierung gebracht – mit der bekenntnisartigen Aussage einsetzen: Das, was wir bisher als Geschichte, als „Dimension von ‚Geschichte'" denken und uns „vorstellen" konnten, wurde durch die „Kreuzigung" und die „Auferweckung des Gekreuzigten" in geradezu „unglaublicher Weise" ‚gesprengt'.

Die Einladung zur Hoffnung auf Gottes befreiendes und rettendes Handeln begegnet uns zunächst einmal im Alten

---

62 Psalm 103,2

Testament. Und im AT lesen wir auch schon die Zusage und Verheißung des „Schöpfers": „Siehe, Neues will ich schaffen."[63].

Die erste Generation der urchristlichen Gemeinden zeichnete sich dadurch aus, dass ihr ganzes Leben durch eine ‚entgrenzte Hoffnung' geprägt war und dass sie ermahnt werden konnte: „Seid allezeit bereit zur ‚Apologia' bezüglich der ‚Hoffnung', die in euch ist."[64]. Jedermann gegenüber soll argumentativ dargelegt werden, warum gerade die Hoffnung ein Wesensmerkmal des gesamt-biblischen christlichen Glaubens ist!

Bei unserem Nachdenken über ein christliches Reden von Seele haben wir uns zentral am biblischen Gebrauch von ‚Seele' orientiert (insbesondere natürlich am Reden von ‚Seele' in den Psalmen) und wir denken Seele als Einheit von körperlicher „Lebendigkeit" und „Beseeltsein". Auf dieses Verständnis von ‚Seele' treffen wir sowohl in Gen 2,7 als auch (ohne dass der Begriff ‚Näphäsch' verwendet würde) in der Neurowissenschaft.[65]

Die Zuschreibung „beseelte Lebendigkeit" darf insofern ganz umstandslos als „einleuchtend" gelten, als man seine eigene individuelle „Lebendigkeit" wohl immer wieder auch durchaus sinnenfällig („am eigenen Leib") wahrnehmen kann, und gerade diese Selbst-Erfahrung unserer (geheimnisvollen) ‚beseelten Lebendigkeit'[66] kann uns immer wieder Anlass zu erneutem staunenden Lob und Dank sein. Da bedarf es dann auch keines weiteren „empirischen Nachweises".

---

63 Jes 43,18 f
64 1.Petr 3,15
65 vgl. Fuchs und Scheurle a.a.O.
66 Psalm 139

Allerdings trifft man häufig auf ein durchaus ungeklärtes Reden von ‚Seele', in dem eben „alle möglichen Vorstellungen" von ‚Seele' Platz finden.

Dem stellen wir nun freilich gegenüber das u.E. sachlich und sprachlich klar erkennbare biblisch-christliche Verständnis von ‚Seele': „Dauerhafte, im ‚Gebet' sich realisierende Schöpfer-Geschöpf-Resonanz". Diese Formulierung stützt sich nicht auf eine einzelne Bibelstelle: Sie versucht sowohl einzelne Psalmen als auch die Sammlung der Psalmen insgesamt als einen grundsätzlich „dialogischen Prozess", als „Sprachgeschehen" in größerer zeitlicher Erstreckung wahrzunehmen.

Bei einem unvoreingenommenen Blick sowohl auf die biblisch fundierte als auch auf die philosophische Tradition kann man registrieren, dass dem Menschen eine „Sonderstellung" unter den ‚Lebewesen' zugesprochen / zugeschrieben wurde und wird.

Eben dies hat auch immer schon „die Wissenschaft" / die Wissenschaften herausgefordert.

A. Gehlen hat zwar in seinem 1940 erschienenen Werk „Der Mensch: Seine Natur und seine Stellung in der Welt" den Begriff des „Mängelwesens" in die Philosophische Anthropologie eingeführt, dabei jedoch die vom Menschen erbrachten „Kompensationsleistungen im Bereich von ‚Kultur'" entsprechend deutlich herausgestellt. – In eben diesem Kontext sei nun besonders hervorgehoben, dass H. Markl bei der Suche nach einer Antwort auf die Frage „Was ist der Mensch?" im Rahmen von ‚Wissenschaft' (Scientia) neben den Antworten der Biologen auch die Antworten der Geisteswissenschaftler einfordert. Im Jahrhundert der ‚Lebenswissenschaften', der Verschmelzung aller naturwissenschaftlichen Disziplinen zu einer Scientia, werden uns deshalb gerade die Erkenntnis – und Erklärungsgrenzen der szientistischen Wahrheitssuche besonders deutlich bewusst, weil, je mehr uns die (Natur-) Wissenschaft über selbst die allerfeinsten Strukturen und Mechanismen von Lebewesen belehrt, uns vielleicht gerade dadurch unser Unvermögen immer deutlicher wird, auf diese Weise jene ebenso wirkliche Welt der produktiven Entfaltung menschlichen Geistes, geschweige denn jene nicht minder wirkliche innere Welt unserer Empfindungen, Gefühle und Willensregungen erklärend zu erfassen, um die sich jene anderen Lebenswissenschaften, nämlich die Geistes-, Kultur- und Sozialwissenschaften, in ihren vielfältigen disziplinären Spezialisierungen nicht weniger eifrig wissenschaftlich, wenngleich wissenschaftlich anders bemühen, als die Naturwissenschaften dies für den biogenen ‚Unterbau' unserer Menschennatur tun.[67]

Gerade auch im Hinblick auf ‚Seele' sind wir vermutlich tatsächlich auf einen professionellen interdisziplinären Blick angewiesen, um wirklich all das ins Blickfeld zu bekommen, was Menschen unter dem Begriff ‚Seele' zur Sprache bringen: Es ist ja „Vielerlei", was da mit diesem schon lange und in großer Breite verwendeten Begriff alles zur Sprache gebracht wurde und auch aktuell zur Sprache gebracht wird.

Wenn wir also biblisches Reden von Seele als Reden von der Näphäsch-Seele identifizieren, dürfen wir weiterhin die Psalmen des AT als das Text-Buch der Seele betrachten und unseren Zugang über Psalm 103 wählen, der geradezu exemplarisch mit „Lobe den Herrn, meine Seele und vergiss nicht, was er dir Gutes getan hat!" intoniert .

Blickt man auf die Psalmen in ihrer ganzen Bandbreite, so kann man fragen: „Was lässt uns trauern, klagen, jubeln,

---

67 vgl. z. B. Markl, Hubert: Schöner neuer Mensch? Piper München 2002

hoffen?" Wir schreiben es nicht unseren „neuronalen Verschaltungen" zu sondern unserer Seele. Damit rühren wir in gewisser Weise an ein zentrales Problem menschlichen Daseins: Wenn wir nach so etwas wie einer „inneren Instanz" des Menschen fragen, die für „Grund-Intentionen" einer menschlichen ‚Person' „zuständig" ist, könnte nahe liegen, dabei z. B. an das „Gehirn" zu denken. Aber Th. Fuchs u.a. haben uns dahingehend belehrt, dass nur das Konzept einer „Autonomie des ganzheitlichen Menschen" der „zentralen Bedeutung des Leibes" gerecht wird. Das Gehirn sollte „als Partnerorgan des übrigen Leibes verstanden" werden. Es antwortet auf die Umwelt durch Resonanzprozesse, die im raum-zeitlichen Lebensganzen entstehen."[68]

- Bei unserem Versuch des Herantastens an ein christliches Reden vom Menschen und seiner Seele sind wir von der biblischen Tradition ausgegangen und wir haben, von dieser herkommend, auf neuere Einsichten der Neurowissenschaft geblickt.
- „Nach alter, durch die Kulturen reichender Empfindung"[69] bedient man sich schon lange und auch jetzt durchaus noch des Begriffs Seele, auch wenn (wie Gestrich gleich hinzufügt) „deren Wirkweise sich nur zu einem geringen Teil durch die wissenschaftlich fortschreitende Neurologie" erklären lässt. Umso wichtiger ist es (so Gestrich), dass es „unter von Wissenschaft und Technik geprägten Lebensumständen möglich bleibt, Klares mit dem Reden von der Seele zu verbinden."[70] „Die Frage,

---

68 Scheurle, Hans J.: Das Gehirn ist nicht einsam: Resonanzen zwischen Gehirn, Leib und Umwelt. 2. ü. a. Aufl. Stuttgart 2016, S. 223
69 Gestrich a.a.O., S. 3
70 Gestrich a.a.O., S. 3

wie mit Parallelen, Ähnlichkeiten und interdisziplinären Entsprechungen bei den Verständnisweisen der Seele in verschiedenen wissenschaftlichen Fächern umgegangen werden sollte, steht als noch offene wissenschaftstheoretische Aufgabe im Raum. Es zeichnet sich ab, dass die einzelnen Wissenschaften, die Theologie eingeschlossen, bezüglich der Seele mit Gewinn aufeinander hören."[71]
- Gestrich schlussfolgert: „Seele ist eine Gegebenheit, die (…) methodisch erörtert werden kann. Sie ist die Grundlage von Lebenserscheinungen (…).Sie ist eine unabdingbare Voraussetzung, die ihrerseits nicht bedingt ist durch noch Weiteres."[72]
- Wir haben ganz grundsätzlich zur Kenntnis genommen, dass wir in einer ausdifferenzierten Gesellschaft mit einer ausdifferenzierten Wissens- und Wissenschaftskultur leben, in der sich eben auch sehr verschiedene „Sprachräume" ausgebildet haben, in die wir sowohl partiell nicht nur Einblicke gewinnen, sondern die uns, so weit nötig, auch sukzessiv vertraut werden, bis wir dann sogar im Alltag die Verständigung in verschiedenen Sprachräumen „einigermaßen problemlos" – umgangssprachlich gesagt – „auf die Reihe kriegen". Dabei sollte uns immer wieder auch dies bewusst werden, dass wir mit dem „biblisch-christlichen Sprachraum", in dem wir uns beim christlichen Reden von ‚Seele' aufhalten, auch einen „Sprachraum" mit sehr eigenem ‚Gepräge' ins Spiel bringen, der einem u. U. zwar sehr „vertraut", der einem aber u. U. auch völlig fremd sein kann.
- Nach meinem jetzigen Kenntnisstand scheint es mir geradezu zwingend erforderlich, auch noch andere

---

71 Gestrich a.a.O., S. 7
72 Gestrich a.a.O., S. 8

Zugangswege in die Neurowissenschaftliche Forschung hinein zu beschreiben als die von mir gewählten. Ich bin frühzeitig auf Bücher von Th. Fuchs und von H. J. Scheurle gestoßen und ich war fasziniert von den vermuteten „Parallelen", die sich mir als solche aufdrängten, wenn ich über Gen 2,7 nachdachte und eben „Ähnlichkeiten" zwischen Gen 2,7 und der von Th. Fuchs und H. J. Scheurle vertretenen Konzeption „verkörperter Subjektivität" entdeckte.

Inzwischen bin ich der Meinung, dass es zwingend geboten ist, sich sehr viel gründlicher zumindest auch mit den von J. Bauer vorgelegten Studien zu beschäftigen, die er z. B. in dem Buch „Das empathische Gen" vorgelegt hat. Der Autor entfaltet in dem genannten Buch „was in den modernen Neurowissenschaften als ‚Selbst' bezeichnet wird"[73]. und er stellt uns das Konzept des menschlichen „Selbstsystems" als „neuronale Netzwerke" vor.[74] Die Rolle des „Selbstsystems" als „sozialer Ansprechpartner" wird so beschrieben, dass auch ohne Verwendung des Begriffs ‚Seele' der Gedanke an Seele sich nahezu zwingend aufdrängt. Das Selbst wird gar als innerer Arzt bezeichnet.[75]

- Die biblischen Texte wenden sich grundsätzlich an „Jedermann". – Im vorgelegten Essay wurde deshalb auch versucht, zwischen dem biblischen Sprachraum und gleichzeitig zwischen mehreren verschiedenen (im Großbereich der ‚Anthropologie' angesiedelten) „Sprachräumen" „wechselnd" gleichsam „probeweise"

---

[73] Bauer, Joachim: Das empathische Gen: Humanität, das Gute und die Bestimmung des Menschen. Verlag Herder 1. Edition Oktober 2021, S. 128 ff
[74] Bauer a.a.O., S. 131
[75] Bauer a.a.O., S. 131

uns in jenen ‚Sprachraum' einzuschwingen, in dem so etwas wie ein „öffentlicher Diskurs" stattfindet. Dort kommuniziert man ja „recht pragmatisch" in unterschiedlichen „Sprachräumen", was die Kommunikation zwar nicht immer eindeutig sein lässt, aber keineswegs zur Behauptung nötigt, dass gar keine „Verständigung" stattgefunden habe.

Es sollte also möglich sein, sowohl in den Sprachraum der Neurowissenschaft als auch in den Sprachraum der Sozialwissenschaften zu blicken und eben auch sowohl von „verkörperter Subjektivität" als auch von „sozialer Konstruktion von Subjektivität" zu reden. Dazu und dabei blicken wir dann immer auch in das Alte Testament, lesen Gen 2,7 und vor allem auch Psalmen und wir versuchen, als faktisch „verschiedenen Sprachräumen Verbundene" immer wieder von neuem „miteinander ins Gespräch " zu kommen.

Wie weit dieser Versuch des Kommunizierens gelang bzw. gelingt, müssen diejenigen entscheiden, die sich mit auf den Weg haben nehmen lassen.

Allen diesen sich auch im Raum von Wissenschaften vollziehenden Erkenntnis- und Kommunikationsbemühungen darf als ‚vorgegeben' gelten: Der Mensch wird seit den Anfängen der biblischen Tradition als geheimnisvolles ‚Wunderwerk Gottes'[76] angesehen. Wirkungsgeschichtlich höchst bedeutsam (gerade auch in Richtung „Sonderstellung") wurde die geradezu „klassisch" gewordene ‚Sprachfigur' Gen 1,27: „Gott schuf den Menschen zu ‚seinem Bilde'.".

Es legt sich neben so mancher Frage nun auch die schon seit einiger Zeit diskutierte Frage nahe, ob schon die Schreiber des Textes Gen 2,7 eine deutliche, eine

---

76 vgl. Psalm 8 und v.a. auch Psalm139

markante Differenz zwischen Tier und Mensch festhalten oder gar „begründen" wollten: Dieses biblische Differenz-Kriterium zur Unterscheidung von Tier und Mensch hat vielleicht dazu beigetragen, dass dann später viel zu wenig darauf geachtet wurde, eine aus dem gesamten biblischen Schöpfungsgedanken entwickelte „christliche Tier-Ethik" auszuarbeiten.

Höchst aktuell wäre nun freilich auch noch zu fragen, ob gerade das Reden von der Näphäsch-Seele heutzutage nicht eine ganz besondere Rolle spielen sollte, wenn man im Rahmen der Diskussionen über das Verständnis von „KI" darüber nachdenkt, was einen mit ‚KI' ausgestatteten weitestgehenden entwickelten „Roboter" von einem „beseelten" ‚Menschen' unterscheidet. Lediglich als Kurz-Hinweis sei festgehalten, dass in der philosophischen Diskussion über die „Engpässe der ‚Künstlichen Intelligenz' " H. Dreyfus die interessante These vertritt: „es liege am Fehlen des Leibes, wenn die Computer im Moment noch so viel dümmer seien als die Menschen. Intelligenz müsse daher mehr sein als das, was man gegenwärtig mit Rechnern tun könne: Sie müsse auch leiblich sein".[77]

Leib-Bezogenheit ist auch ein Thema des Psychologen und Philosophen Eugene. Er spricht davon, dass in leiblichen Empfindungen ein Wissen impliziert sein kann. – Die Leibbezogenheit der Sprache war übrigens auch schon ein Thema in H. Plessners „Göttinger Vorlesung vom Sommersemester 1961".[78]

---

77 zitiert nach Schneider, Julius H.: Sprechen über Seelisches in: Deutsche Zeitschrift für Philosophie 1/1996, Akademie Verlag Berlin, 14.Jahrgang 1996, Heft 1, S. 118
78 ediert in stw 2268 Berlin 2019

Bisher bereits Angesprochenes versuchen wir zusammenfassend festzuhalten: Der hebräische biblische Begriff „Näphäsch (hajah)" nimmt eine ganz spezifisch „menschliche ‚Lebendigkeit'" in den Blick, wobei uns die hebräische Sprachfigur darauf hinweisen könnte, dass sich im „Geheimnis-Bereich" des schöpferischen Wirkens Gottes „das, was in mir ist" auf schöpferische Weise mit dem individuellen „Ackerboden-Leib" zu dem in Gen 2,7 hebräisch „Näphäsch hajah" genannten Geschöpf Gottes so verbindet, dass damit nun eine „beseelte" Person, ein Individuum ins ‚Leben' gerufen wird und eben damit in eine Geschichte eintritt, die der Schöpfer mit seinem Geschöpf gestiftet und gestartet hat. Dieses sich nun auch biologisch-biografisch und damit „zeitlich erstreckende individuelle ‚Leben'" bleibt mit seiner „Vitalität" („Lebenskraft") mit dem Schöpfer verbunden, der „im Lauf des Lebens" (eine Formulierung I. U. Dalferths aufnehmend) weiter als Schöpfer-Gott „am Menschen baut": „Der Mensch ist der, an dem Gott baut."[79]. Der „Schöpfer-Gott" ist der, dem wir in der hebräischen Bibel dann auch als dem „Bundes-Gott" begegnen und den Christen als den Vater Jesu Christi glauben.[80]

Die in den jetzt vorliegenden Ausführungen von I. U. Dalferth übernommene Formulierung „Der Mensch ist das Wesen, an dem Gott baut"[81] könnte fragen lassen, ob dieses göttlich-schöpferische „Bauen" am Menschen als ein dauerhafter Prozess zu denken ist. Vielleicht darf nochmals

---

79 vgl. Dalfert, Ingolf U.: God first: Die reformatorische Revolution der christlichen Denkungsart; Evangelische Verlagsanstalt Leipzig 2018, S. 72 f
80 vgl. dazu das bereits Ausgeführte, s.o., II Wir in einer Geschichte- Immer auf dem Weg
81 vgl. Dalfert a.a.O., S 38

der Begriff dauerhafte „Schöpfer-Geschöpf-Resonanz" eingespielt werden, die man wohl auch als sich über den Tod hinaus erstreckend denken und „glauben" darf.

Hingewiesen sei ganz explizit darauf, dass „empirische Belege" fehlen: Es lassen sich weder für einen Näphäsch-Seele-Lebens-Impuls noch für eine dauerhafte „Schöpfer-Geschöpf-Resonanz"[82] überprüfbare „Nachweise" finden. Sie sind weder empirisch vorfindlich, weder nachträglich auffindbar! Auch die Sehnsucht nach der „ins Herz gelegten Ewigkeit"[83] ist ebenso wenig empirisch nachweisbar wie die von Augustinus so beschriebene „Unruhe des Herzens", die anhält, bis das Herz ‚bei Gott' zur Ruhe findet.

Einen schwachen ‚Nachklang' mag man vielleicht verspüren, wenn die „Seele" des Dichters der Romantik in der ‚Frühlingsnacht' die Liedstrophe erklingen lässt: „Und meine Seele spannte weit ihre Flügel aus, flog durch die stillen Lande als flöge sie nach Haus.". Gerade die Formulierungen in diesem Eichendorff-Gedicht nötigen einen sich an der Bibel orientierenden Theologen freilich zu dem Hinweis, dass sich die zitierten Formulierungen und Vorstellungen sehr deutlich aus dem biblisch-christlichen Sprachraum entfernen.

Die Näphäsch-Seele kann sich wohl nicht eigenmächtig aufschwingen und sie kann nicht gleichsam als „seelische Leistung" des Menschen „nach Haus" fliegen.

Eines Hinweises auf „offensichtliche Entfernung aus dem ‚biblisch-christlichen Sprachraum' bedarf es auch, wenn z. B. die Vorstellung propagiert wird, dass es , der von Digitalisierung geprägten Technologiegelingen könnte „eine Seele einzuhauchen".

---

82 vgl. Pred 3,11
83 Koh 3,11

Innerhalb des biblischen Sprachraumes verbleibend darf man vielleicht eher Folgendes formulieren: Die „Näphäsch" als Geschöpf des Schöpfers ist in die Geschichte des Schöpfers mit seiner Schöpfung eingebettet und so ist sie von der Gesamt-Verheißung des Schöpfers umfasst und deshalb gilt auch der „Näphäsch", die eine Gabe des Schöpfer-Gottes (nie eine Gabe von Menschen) ist, die nahezu „unglaubliche" Verheißung „Siehe, ich mache alles neu".

Entscheidend für eben dies „Unglaubliche" war jenes historische Ereignis, das in seiner fundamentalen Bedeutung für die Menschheitsgeschichte erst eine Generation später zu erkennen war und deshalb auch immer wieder neu zu verkündigen ist als ein Neu-Einsatz in der Zuwendungs- und Erlösungs-Geschichte des Schöpfers zu seinen Geschöpfen: Es geht um das „Jesus Christus-Ereignis" und es geht darum, dass wir eingeladen sind, uns in diese Geschichte der jetzt anbrechenden Königsherrschaft Gottes mit hineinnehmen zu lassen.

Allerdings: Die Geschichte des „abseits" geborenen Kindes mit seiner Botschaft von der „nahe herbeigekommenen Königsherrschaft Gottes" endete am Kreuz.

Aber zur Geschichte des Jesus von Nazareth gehört eben auch dies:

Der als Jesus von Nazareth Geborene wurde nach wenigen Jahren des Wirkens gekreuzigtund dieser „Gekreuzigte" wurde und wird als „Auferweckter" erfahren und geglaubt. – Zur „Krippe" gehören also sowohl „das Kreuz" als auch die „Ostererfahrungen".

Dem „siehe ich verkündige euch große Freude" folgt dann später auch ganz konsequent: „Es ist alles neu geworden."[84].

---

84 2.Kor 5,17

Gerade auch unsere, die real von uns gelebte Geschichte hat einen neuen Ausblick bekommen, die Verheißung einer den Tod überwindenden Vollendung.

Verheißen wurde und wird in den biblischen Texten (sowohl des AT wie des NT) eine Neuschöpfung, individuell („Auferweckung") und universal: „Siehe, ich will einen neuen Himmel und eine neue Erde schaffen. Man soll nicht mehr hören die Stimme des Weinens noch die Stimme des Klagens."[85]. Und der Seher Johannes schreibt: „Ich sah einen neuen Himmel und eine neue Erde."[86]. „Noch sind wir freilich Hoffende, Wartende. Noch ist noch nicht vollendet, was kommen soll. Es ist jedoch auch noch nicht das Ende erreicht. Wir sind noch – auf das himmlische Jerusalem Wartende."[87] „Siehe da! Die Hütte Gottes bei den Menschen. Und er wird bei ihnen wohnen, und sie werden seine Völker sein, und, Gott wird ihr Gott sein; und Gott wird abwischen alle Tränen von ihren Augen, und der Tod wird nicht mehr sein; denn das Erste ist vergangen. Siehe, ich mache alles neu."[88]

Den Neu-Einsatz der Zuwendung Gottes zu den Menschen feiern wir sowohl an Weihnachten als auch an Ostern!

Dies erschloss sich den Jüngern Jesu und erschließt sich auch heute erst gleichsam „nach Ostern". Man konnte das Weihnachtsevangelium erst „nachösterlich" in seiner ganz umfassenden und ganz und gar unfasslichen Dimension bedenken und bekenntnismäßig ausformulieren:

Gott lässt sich erkennen in einem leibhaftigen Menschen, der sich in die Menschen-Geschichte hineinbegibt und der Menschen-Geschichte eine ganz unglaubliche „neue Zukunft"

---

85 Jes 65,17
86 Offb 21
87 vgl. Offb 21
88 Offb 21,4

eröffnet, die von Paulus und anderen Aposteln (Zeugen des Auferstehungs-Glaubens) als eine „Neue Schöpfung" charakterisiert wird und damit an alte, auch an alttestamentliche Hoffnungsbilder anschließt.

Weil man dieses „Christus-Ereignis" mitsamt der Christusbotschaft kaum in einem Satz zusammenfassen kann, hat sich in der christlich-religiösen Praxis das „Kirchenjahr" herausgebildet vgl. dazu den wirklich einführenden und höchst lesenswerten Band von G. Sauter „Schrittfolgen der Hoffnung. Theologie des Kirchenjahres". Erst die „Ostererfahrungen" führten dann zum Glauben an die „Auferweckung" des Gekreuzigten. Und mit den Festen „Himmelfahrt" und „Pfingsten" wurden und werden die immer erfahrbare Gegenwart Gottes in und durch den „erhöhten Christus", in und durch seinen Heiligen Geist in den Mittelpunkt der christlichen Verkündigung gestellt.

Die gesamte biblische Tradition einschließlich der Jesus-Verkündigung lädt uns sowohl individuell als auch universell zu einem „Hineinerzählen" ein:zu einem „Hineinerzählen" in die große Geschichte Gottes mit seiner Schöpfung, mit seinen Geschöpfen.

An Weihnachten könnten wir uns (etwa in Anlehnung an die „Ich" Aussage E. Weizmanns) in die „große biblische Erzählung" hineinerzählen und z. B. singend bekennen: „Ich steh an deiner Krippe hier ...". Wenn wir singen „Oh du fröhliche, oh du selige Weihnachtszeit", dann singen wir dies, – obwohl immer noch Menschen leiden, ermordet werden und sterben müssen. Aberunser Verständnis für ‚Geschichte' und unser Blick auf ‚die Geschichte' verändert sich, wenn wir nach unserem „Selbstverständnis" dieser einen bestimmten Geschichte zugehören, etwa in jene Geschichte „hineingehören" dürfen, die wir „im Weitwinkel" der ‚Christuszeit' dann „als die uns eröffnete, als eben „unsere Geschichte" wahrnehmen dürfen.

Dabei handelt es sich nicht um ein „religiöses Gespinst". Wir kennen diese These bereits (durch das oben schon erwähnte ausführliche Zitat aus dem Bereich philosophischer Anthropologie (Rorty)), dass sich das ‚Ich' ändert, sobald dieses ‚Ich' eine andere Geschichte darüber erzählt, wer es selbst ist. „Mit der Änderung solcher Geschichten ändert sich auch die Identität."[89]

Wir dürfen uns sowohl individuell als auch gemeinschaftlich mit der christlichen Erzählgemeinschaft immer wieder neuin die große Geschichte Gottes mit seiner Schöpfung, mit seinen Geschöpfen „hinein-erzählen".

Das Volk Israel hat mit den „Erzählungen" sowie mit den großen Erzählungen und natürlich auch mit der „ganz großen Erzählung" begonnen.

Die in Psalm 103,2 formulierte Aufforderung an die Seele „und vergiss nicht, was dir an Gutem widerfahren ist", bindet die Näphäsch-Seele geradezu konstitutiv in das bewusste Wahrnehmen der „geschichtlichen Fügungen" durch den Schöpfer ein. Jesus von Nazareth hat sichals jenen von Gott Gesandten verstanden, der in eben diese Geschichte hineingehört.

Mit Jesus von Nazareth wurde sowohl durch seine Verkündigung als auch durch seinen Tod und seine Auferstehung diese Geschichte Gottes mit seinen Geschöpfen in ganz unfassbarer und unglaublicher Weise „neu akzentuiert" und gesprengt.

---

89 Rorty, Richard: Eine Kultur ohne Zentrum: Vier philosophische Essays. Reclams Stuttgart 1993, S. 9

Gott selbst will bei und mit den Menschen sein – auch durch das Sterben hindurch und über den Tod hinaus.

Gott will und wird seine Herrschaft aufrichten, eine Herrschaft der barmherzigen, errettenden Liebe. Sie wird Realität in der „neuen Schöpfung, dem neuen Himmel und der neuen Erde".

Die biblische Tradition erteilt allen verfallstheoretischen Theorien und Fantasien eine fundamentale Absage:

Wir sind eingeladen, uns in die große Geschichte Gottes mit seinen Geschöpfen "hinein- zuerzählen".

Noch ist diese Geschichte nicht vollendet.

Aber: Sie ist auch noch nicht beendet!

Es bleibt also dabei: „Wir sind gerettet auf Hoffnung."[90].

Paulus ist davon „überzeugt, dass dieser Zeit Leiden nicht ins Gewicht fallen gegenüber der Herrlichkeit, die an uns offenbart werden soll"[91].

An Weihnachten feiern wir die Geburt jenes Menschen, von dem Paulus schreibt: „Jesus Christus ist auferstanden von den Toten als ‚Erstling' unter denen, die verstorben sind."[92]. Eine ganz neue Zeit hat begonnen! Das gilt auch für uns heute: Wir leben in der Zeit „nach Christus". In der Zeit nach den „Ostererfahrungen", die z. B. Paulus dazu nötigten, die Christus-Botschaft als Evangelium, als „Frohe Botschaft" in alle für ihn erreichbaren Gegenden zu tragen und nahezu im gesamten Mittelmeer-Raum zu „missionieren". In dieser großen christlichen Tradition finden wir uns vor, zumal auch die Reformatoren sich sehr entschieden in der Tradition des Paulus verstanden.

---

90 Röm 8,24 vgl. insges. Röm. 8
91 Röm 8,18
92 1.Kor 15,20

Die Wirkungsgeschichte dieser Tradition war so, dass auch immer wieder Sozialwissenschaftler und Philosophen auf diese Tradition verwiesen (neben E. Bloch und J. Habermas wären auch M. Horkheimer und Th. W. Adorno u. a. zu nennen.) Insbesondere auch H. Markl wurde nicht müde, immer wieder neu einen interdisziplinären Ansatz für ‚Anthropologie' anzumahnen, um deutlich zu machen, dass die empirischen Wissenschaften dringend des Gesprächs mit Geistes- und Kulturwissenschaften bedürfen! Die auf uns zukommenden ethischen Herausforderungen rufen geradezu nach einem interdisziplinär abgesicherten Verständnis des Menschen. Mit der biblischen Tradition steht eben auch ganz basal das Verständnis des Menschen und der menschlichen Gemeinschaft zur Debatte. So wird etwa die im Bereich der wissenschaftlichen Forschung neu aufgebrochene „Chimären"-Diskussion im Sprachraum der biblischen Tradition anders geführt als im Sprachraum des Utilitarismus oder einem ähnlichen im Rahmen des „öffentlichen Vernunftgebrauchs" gebräuchlichen Sprachraumes, in dem Grundfragen der Anthropologie und der Ethik zur Debatte stehen. Gerade dieser Diskurs ist durchaus offen!

Aber man muss hier Position beziehen: Jeder muss sich der Frage stellen, von welcher Basis aus er bezüglich seines Verständnisses vom Menschen argumentieren will und kann. Den Menschen als „Geschöpf Gottes zu sehen, ist nicht ungewöhnlich aber keineswegs „selbstverständlich". Dabei mag man auch an die Anbei-Formulierung von R. M. Rilke denken, dass wir „nicht verlässlich zu Haus" sind in der (von wem?) gedeuteten Welt"[93].

---

93 vgl. Rilke, Rainer M.: Duineser Elegien. Suhrkamp Verlag 1975

Viele Menschen bekennen, dass sie das „Beten eines Psalms" „trösten" und „ermutigen" kann. Vielen ist ein solches Bekenntnis nicht möglich. Ein „Nachweis" für das „Gegebensein" von ‚Seele' kann so jedenfalls nicht erbracht werden. Wer freilich beim betenden Lesen eines Psalms Trost, Ermutigung und ‚Hoffnung' „überzeugend erfahren" hat, der mag an die Formulierung von Martin Luther denken: „Ich glaube, dass ich nicht aus eigener Vernunft noch Kraft an Jesus Christus, meinen ‚Herrn', glauben oder zu ihm kommen kann.". „Der Heilige Geist hat mich durch das Evangelium berufen und mit seinen Gaben erleuchtet."

Wenn wir dabei bleiben, uns weiterhin gerade auch im Sprachraum der Bibel aufzuhalten und von der Näphäsch-Seele zu reden, dann können wir uns auch weiterhin auf die Psalmen des AT als das „Text-Buch" der Seele beziehen.

Psalm 103 setzt geradezu exemplarisch ein mit: „Lobe den Herrn. Meine Seele und vergiss nicht, was Er dir Gutes getan hat!".

Eine grundsätzliche Zustimmung zu solchem Reden von ‚Seele' scheint es ja durchaus auch zu geben, auch wenn, wie Ch. Gestrich formuliert, die „Wirkweise" (der Seele) „sich nur zu einem geringen Teil durch die wissenschaftlich fortschreitende Neurologie erklären lässt"[94]. „Die Frage, wie mit Parallelen, Ähnlichkeiten und interdisziplinären Entsprechungen bei den Verständnisweisen der Seele in verschiedenen wissenschaftlichen Fächern umgegangen werden sollte, steht (wie schon angedeutet) als noch offene wissenschaftstheoretische Aufgabe im Raum. Es zeichnet sich ab, dass es für die einzelnen Wissenschaften, die Theologie eingeschlossen, bezüglich der Seele ein Gewinn ist aufeinander zu

---

94 Gestrich a.a.O., S. 3

hören."⁹⁵ Gestrich schlussfolgert: „Seele ist eine Gegebenheit, die methodisch geklärt erörtert werden kann. Sie ist die Grundlage von Lebenserscheinungen."⁹⁶.

„Seelenkunde" könnte künftig als gemeinsames Dach über den die menschliche Lebenswirklichkeit erforschenden Wissenschaften fungieren und dabei dann eventuell auch wissenschaftstheoretische Bedeutung gewinnen, indem sie das „wissenschaftliche Bemühen um das Verständnis des Menschen" erweitert und explizit danach fragt, wann und wo wir an „Grenzen der Immanenz" stoßen.⁹⁷

(2) Kollektive Identität: Christliche „Erzählgemeinschaft"

Ein wichtiger Hinweis gilt der „Christlichen Erzählgemeinschaft".

Christen dürfen sich in ihre Geschichte mit ihrem Schöpfer und ihrem Erlöser Jesus Christus hineinerzählen.

Es bliebe freilich ernsthaft zu fragen, ob bzw. in wie weit sich Christen im Rahmen der christlichen Kirchen tatsächlich als Gemeinschaft derer verstehen dürfen, die sich auf dem Weg zu einer christlichen narrativen Identität bewegen.

Die eben eingespielten Stichworte führen uns in ein „weites Feld"; in ein Feld, das in den letzten Jahrzehnten an verschiedenen Orten recht intensiv bearbeitet wurde. Für einen Einstieg wäre es zu erwähnen : W. Sandler, Christentum als große Erzählung. Anstöße für eine narrative Theologie, Im Jahr 1973 hatte die Zeitschrift ‚Concilium' zwei Plädoyers für eine neue Art, sich mit Theologie zu befassen veröffentlicht.

---

95 Gestrich a.a.O., S. 7
96 Gestrich a.a.O., S. 8
97 Gestrich a.a.O., S. 9

Kollektive Identität: Christliche „Erzählgemeinschaft" 65

Das Stichwort dazu lieferte der Linguist H. Weinrich mit seinem Aufsatz: Narrative Theologie, mit dem er dem Erzählen die lange verkannte Schlüsselbedeutung für die Theologie zurückgeben wollte: Die biblischen Texte seien hauptsächlich Erzähltexte, bei denen die Frage, ob Fiktum oder Faktum, nachgeordnet sei.

Das Christentum, so hatte man formuliert, war schon in der Zeit des Urchristentums und insbesondere in der Alten Kirche einem fortgesetzten Prozess der Logisierung ausgesetzt. Im Zusammenhang mit den herausragenden Denkleistungen waren die eigentlich bedeutsamen narrativen Gehalte vernachlässigt worden.

In der o.g. Zeitschrift widmete sich der Münsteraner Fundamentaltheologe Johann Baptist Metz dem gleichen Anliegen mit einer „kleinen Apologie des Erzählens". Er tat dies vor dem Hintergrund seiner politischen Theologie: Metz wollte sich für die Opfer der Geschichte engagieren. Deshalb plädiert Metz für das Erzählen von Opfer- und Heilsgeschichten. Während Begriffssysteme beruhigen, stacheln Geschichten an, z. B. auch zum Einsatz für die Opfer. Theologie solle die kritisch-befreiende Kraft des Erzählens wiederbeleben. Später hat man sich dann wieder vom Leitbegriff „narrative Theologie" distanziert.

Im deutschsprachigen Raum ist mit deutlicher Nähe zur angloamerikanischen Philosophie das Werk des protestantischen Theologen D. Ritschl aus Heidelberg zu nennen, der in seiner theologischen Methodologie den „Stories" eine Schlüsselrolle zuerkennt.

Im angloamerikanischen Raum wird weniger das kritische Potential von Erzählungen als deren identitätsstiftende Funktion für die einzelnen Glaubenden und für die Kirche in den Mittelpunkt gestellt. Wichtigster Repräsentant für eine „Story-Theologie" ist der methodistische Theologe

S. Hauerwas. Er vertritt die These, dass eine christliche Ethik sich nur innerhalb einer bestehenden „christlichen Erzähl-Gemeinschaft" (Kirche) verankern lässt. Diese erhält ihre Identität dadurch, dass sich ihre Mitglieder als Teil einer gemeinsamen erzählten Geschichte verstehen: Im Zentrum steht die Erzählung von Gottes Beziehung zu seinen Geschöpfen.

Hauerwas bezieht sich dabei auf den englischen, in Amerika lehrenden Philosophen Aleister MacIntyre, der die Bedeutung der Story in der Moralphilosophie herausgearbeitet hat. Nach MacIntyre gründen moralische Überzeugungen einer Gesellschaft in ihren gemeinsamen Erzählungen, welche einen Zusammenhang zwischen deskriptiven und normativen Gehalten herstellen. Gehen diese Erzählungen verloren, dann werden die herrschenden moralischen Normen mitsamt ihren Begründungsversuchen haltlos und wir schlittern in jene Misere, die den heutigen endlosen ethischen Kontroversen zu Grunde liegt. Eine Überwindung dieser Krise halten MacIntyre und seine Mitstreiter nur durch eine Rückkehr zu überschaubaren Erzählgemeinschaften für möglich. Diese Diagnose ähnelt in manchem Lyotards These vom Ende der großen Erzählungen.

Es mag jetzt zwar übergriffig klingen, soll aber zunächst nur als Versuch einer schlichten „Beschreibung" gelesen werden, die von Konzeptionen aus dem Bereich ‚narrativer Identität' beeinflusst ist. Individuelle Perspektive: Wir leben alle in einer ‚Geschichte'. Jede / jeder gehört in „unsere ‚Geschichte' " hinein, wobei jeder „seine ‚Geschichte' " hat und eben jeder in den großen Rahmen einer ‚Geschichte' hineingehört , in der „seine individuelle Geschichte" ihren Ort hat. Man wird nicht sagen können, dass wir uns unsere Geschichte aussuchen können.

Aber vielleicht lässt sich sagen, dass wir uns hineinerzählen können, tatsächlich in eine ganz bestimmte, in eben unsere Geschichte, hineinerzählen dürfen. Und man wird auch sagen dürfen, dass wir dieses „Hineinerzählen" faktisch immer schon „vollziehen" und eben damit auch „entscheiden", in welcher ‚Geschichte' wir „unsere ‚Identität' finden".

Es wurde oben schon festgehalten: Gen 2,7 kann im Kontext unserer Ausführungen als Beginn der Geschichte des ‚Schöpfers mit seinem Geschöpf' interpretiert werden, das er „ins Leben gerufen" und mit dem er so eine, bzw. seine Geschichte eröffnet, begonnen hat. Und dies ist keine beliebige Geschichte! Es ist eine Geschichte, die vor uns begonnen hat und deren Beginn uns in den Texten des AT überliefert wurde.

Als Israel nach der Gefangenschaft in Babylon vom neuenzu seiner Identität finden musste, hat es seine Geschichte neu erzählt und im Erzählen immer wieder neu vergegenwärtigt. Daran war gerade jetzt zu erinnern, weil die alttestamentliche Aufforderung an die Näphäsch-Seele, „nicht zu vergessen", was Gott ihr Gutes getan hat die „Näphäsch" als „verkörperte Subjektivität" in ihrer zeitlichen Erstreckung unmittelbarmit der zeitlichen Erstreckung des Wirkens Gottes als des Schöpfers und als des „Herrn der ‚Geschichte' " verbunden sein lässt, der seiner Schöpfung (im Sinne von creatio continua) treu bleibt.

Der Blick auf die biblische Tradition als „große Erzählung" kann unser Verständnis für die Geschichte und unseren Blick auf ‚Geschichte' deutlich verändern: Im Rahmen des Redens von „narrativer Identität" wird Identität als „veränderbar" gesehen (vgl. das ausführliche Zitat aus dem Büchlein von Rorty, das schon oben auf S. 19 erwähnt wurde): Das Erzählen veränderter Geschichten verändert auch die „Identität".

VIII Soziale Konstruktion von Subjektivität

Im Anschluss an die Publikation von W. Prinz: "Selbst im Spiegel: Die soziale Konstruktion von Subjektivität"[98] versuchen wir ‚Seele' als „Zuschreibung" zu verstehen.

Man hat die Psalmen der hebräischen Bibel deshalb als „Textbuch der Seele" bezeichnet, weil sich die gesamte Dynamik des „seelischen Lebens" von der Klage „aus tiefster Tiefe" bis zum geradezu „himmlischen Lobpreis" in den Psalmen widerspiegelt und die Psalmen des AT den bzw. die Beter Schritt für Schritt einen Weg führen über die Schilderung des Leids und des Elends und über flehentliches Hilfe-Bitten bis hin zu Hoffnungs-Schritten und schließlich zu gemeinsamem Lob und Dank in der Gemeinde der Geretteten hin: „Unsere Väter hofften auf dich; und da sie hofften, halfst du ihnen heraus."[99].

Die biblischen Texte, sowohl die Erzählungen als auch die Gebetstexte wollen dazu anleiten, menschliches Leben als das zu entdecken, was es sein darf: „geschöpfliches Leben". Dabei kann u. E. sehr deutlich hervortreten, dass wir im Rahmen der neurowissenschaftlichen Perspektive ganz ähnliche Aussagen über die Bedeutung der „Geschichte" für die „Subjektivität" eines Menschen entdecken wie im Rahmen einer biblisch fundierten „theologischen Anthropologie": Menschliches Leben vollzieht und erfüllt sich in einer bestimmten, in einer auch „sozial eingebetteten" Geschichte.

Gerade auch der Blick auf die biblische Tradition als „große Erzählung" kann unser Verständnis für Geschichte

---

98 vgl. stw-Band 2169; Berlin 2013/2016
99 Psalm 22,4

und unseren Blick auf die Geschichte deutlich ausdifferenzieren und das Fragen nach dem, welche „Kräfte" / „Mächte" in dem, was wir als ‚Geschichte' erleben/erfahren, „am Werk sind" vertiefen. In diesem Zusammenhang könnte man, auch unter Einbeziehung der Psychotherapie, noch ausführlicher über „narrative Veränderung" reden.

Die Dynamik des geschöpflichen Lebens hat ihre Basis in der Zusage: „Ich bin der Herr, dein Gott, der dich aus Ägyptenland geführt hat.". „Und diese Zusage zielt eben darauf, dass das Geschöpf Gottes in eben dieser Geschichte bleibt, die Gott angefangen hat."[100]

Sowohl die biblischen Erzählungen als auch biblische Reflexions- und Gebetstexte wollen dazu anleiten, menschliches Leben als das zu entdecken, was es sein darf: „geschöpfliches Leben". Es sei nochmals eigens darauf hingewiesen, dass wir im Rahmen der Perspektive der Neurowissenschaft ganz ähnliche Aussagen über die Bedeutung der „Geschichte" für die „Subjektivität" eines Menschen finden wie im Rahmen einer biblisch fundierten „theologischen Anthropologie": Menschliches Leben vollzieht und erfüllt sich nicht beliebig, sondern in einer bestimmten Geschichte.

Gerade auch der Blick auf die biblische Tradition als „große Erzählung" kann unser Verständnis für Geschichte und unseren Blick auf die Geschichte deutlich verändern.

Wir lassen dies nochmals gesagt sein, dass sich das ‚Ich' ändert, sobald dieses ‚Ich' eine andere Geschichte darüber erzählt, wer es selbst ist. „Mit der Änderung solcher Geschichten ändert sich auch die Identität."[101]

---

100 Psalm 22,5
101 Rorty, Richard: Eine Kultur ohne Zentrum: Vier philosophische Essays. Reclams Stuttgart 1993, S. 9

Eben dies könnte man nun noch weiter im Hinblick auf Folgerungen und Konsequenzen bedenken und erörtern.
Wir halten es kurz fest:
Eine von der biblischen Tradition geprägte „narrative Identität" ist eine von der Hoffnung geprägte Identität.
Wichtige Denkanstöße liefert u. a. auch die angloamerikanische Diskussion z. B. unter dem Stichwort „christliche Erzählgemeinschaft". Diese Diskussion wurde und wird insbesonderedurch S. Hauerwas und A. MacIntyre geprägt.

IX Unter der Perspektive „auf dem Weg"

Jetzt sei noch auf einige Aspekte hingewiesen, die uns auf diesem Weg
begegnen werden.

Zunächst sei jedoch (rückblickend) mitgeteilt, dass im vorgelegten Essay von Anfang an versucht wurde einen Appell von H. Markl, (mehrere Jahre Präsident der Deutschen Forschungsgemeinschaft) aufzunehmen und auf dem Weg der Scientia (durch verstärkte interdisziplinäre Arbeit), etwa durch Versuche des Zusammen- und Ineinanderfügens von Aspekten der Wissenschaft vom Alten Testament und von Perspektiven der rasant sich entwickelnden Neurowissenschaften verschiedene Aspekte des Redens von ‚Seele' zu „beleuchten" und eben auf diese Weise auch Schritteauf dem Weg zu einem von J. Habermas geforderten „transformierten Erbe religiöser Herkunft"[102] zu erproben. Das nun Vorgelegte bedarf natürlich weiterer sorgfältig differenzierender Diskussion. Es gilt immer wieder neu zu fragen: Was ist es um den Menschen?

Der Appell von H. Markl, auf dem Weg der Scientia einen Fortschritt bei der Klärung offener Fragen im Kontext des Redens von ‚Seele' zu erzielen, ist zunächst schon von dem Theologen Ch. Gestrich aufgenommen worden, der sich schon in seiner Publikation aus dem Jahr 2019 sehr deutlich geäußert hat: „Um Klares mit dem Reden von

---

102 Habermas, Jürgen: Auch eine Geschichte der Philosophie: Band 1: Die okzidentale Konstellation von Glauben und Wissen Band 2: Vernünftige Freiheit. Spuren des Diskurses über Glauben und Wissen. Suhrkamp Verlag; 3. Edition 2019, S. 15

der Seele zu verbinden, ist heute auch zu diskutieren mit der Gehirnforschung."[103] „Die Frage, wie mit Parallelen, Ähnlichkeiten und interdisziplinären Entsprechungen bei den Verständnisweisen der Seele in verschiedenen wissenschaftlichen Fächern umgegangen werden sollte, steht als noch offene wissenschaftstheoretische Aufgabe im Raum. Es zeichnet sich ab, dass die einzelnen Wissenschaften, die Theologie eingeschlossen, bezüglich der Seele mit Gewinn aufeinander hören."[104] Gestrich hat festgehalten: „Seele ist eine Gegebenheit, die (...) methodisch erörtert werden kann. Sie ist die Grundlage von Lebenserscheinungen. Sie ist eine unabdingbare Voraussetzung, die ihrerseits nicht bedingt ist durch noch Weiteres."[105].

„Seelenkunde könnte künftig als gemeinsames Dach über den die menschliche Lebenswirklichkeit erforschenden Wissenschaften fungieren. Sie wird vermutlich wieder wissenschaftstheoretische Bedeutung gewinnen."[106]

---

103 vgl. Gestrich, Christoph: Die menschliche Seele – Hermeneutik ihres dreifachen Wegs. Mohr Siebeck Tübingen 2019, S. 3
104 vgl. Gestrich a.a.O., S. 7
105 vgl. Gestrich a.a.O., S. 8
106 vgl. Gestrich a.a.O., S. 9

X Wir verbleiben weiterhin auf dem Weg...

... nämlich auf dem Weg mit einer zunehmend mehr herausgeforderten Wissenschaft (vgl.z.B. die nachfolgenden Hinweise auf die Freseniushochschule München und auf Prof. K.Deisseroth!).

Im Raum wissenschaftlichen Fragens und Forschens wird man keinen Schluss-Strich ziehen wollen und auch nicht können! Gerade hinsichtlich des Bemühens um eine Antwort auf die Frage, was es denn um den Menschen sei, werden wir mit immer wieder neuen Teilantworten rechnen dürfen.

Ein ganz aktueller, gerade auch in unserem thematischen Zusammenhang interessanter, Hinweis gilt der Fresenius-Hochschule in München. Dort hat man derzeit den Forscher-Blick darauf gerichtet, dass unser Gehirn fortwährend „Signale aus dem Körper-Inneren" empfängt, die wir meistens gar nicht bewusst wahrnehmen (Herzschlag, Lungen-Atmung usw.). Im Hinblick auf menschliches „Wohlbefinden", auf sein „Bauchgefühl" spielt

z. B. auch die „Darmtätigkeit" eine wichtige Rolle.

Man kann nun natürlich durchaus ernsthaft fragen, ob denn „Seelenkunde" künftig (so, wie es Ch. Gestrich vorschlägt) als gemeinsames Dach über den die menschliche Lebenswirklichkeit erforschenden Wissenschaften auch Gastroenterologie einschließen solle. Verkörperte Subjektivität ist ein wahrlich seriöses Thema. Auch die Sammlung von Grundlagentexten einer „Philosophie der Verkörperung" leitet an zu tiefgründigem Fragen![107]

---

107 vgl. Fingerhut, Joerg, Hufendiek, Rebekka, Wild, Markus: Philosophie der Verkörperung: Grundlagentexte zu einer aktuellen Debatte. Suhrkamp Verlag Berlin 2013

Es geht der Sache nach um „aufregende und weitreichende Thesen über das Wesen des Geistes und der Kognition, von denen behauptet wird, dass sie unser Verständnis psychischer Prozesse und mentaler Zustände grundlegend verändern können."[108] Auf der Rückseite des genannten Taschenbuches wird festgehalten: „Der Geist selbst muss als etwas in den Körper und in die Umwelt Ausgedehntes verstanden werden.". Eine spezifische „Möglichkeit, den Geist als eingebettet zu betrachten, besteht darin, die Umwelt selbst als bedeutsam aufzufassen"[109]. Vgl. dazu auch die „Ökologische Theorie der Wahrnehmung" von J. Gibson: So ist z. B. „das Erkletterbar-Sein eines Baumes" etwa für ein Eichhörnchen eine „lebenswichtige" Information, „die in der Umwelt selbst vorhanden ist und die nur in Relation zum erkennenden Lebewesen existiert"[110]. Auch „seelisches Erleben" sollte man sich nie losgelöst von „Verkörpertem" vorstellen und denken. Wir bleiben also unbeirrt in der Spur von Gen 2,7 und wir wenden uns nun wieder dem „Staubling" zu, dem der Schöpfer die Gabe „beseelter Lebendigkeit" / „geprägter Lebendigkeit" zukommen ließ.

Ein weiterer höchst aktueller Hinweis soll aufmerksam machen auf die Forschungen von Prof K. Deisseroth. Er und sein Team haben gefragt, ob sich Emotionen wie Wut und Angst „gezielt ein- und ausschalten" lassen. In Wissenschafts-Magazinen und z.B. auch im Newsletter „Elementar-teilchen" wurde bzw. wird darüber berichtet.[111]

---

108 vgl. Fingerhut a.a.O., S. 9
109 vgl. Fingerhut a.a.O., S. 76
110 vgl. Fingerhut a.a.O., S. 76 f.
111 vgl. Deisseroth, Karl: Der Stoff, aus dem Gefühle sind: Über den Ursprung menschlicher Emotionen. Karl Blessing Verlag; Deutsche Erstausgabe Edition 2021

Eine Kurz-Info soll andeuten, worum es in der genannten Publikation der Sache nach geht. Durch Laserlicht lassen sich gezielt einzelne neuronale Zellen oder Schaltkreise bestimmter Hirnregionen aktivieren. Man kann z. B. bestimmte neuronale Netze „scharf schalten" und etwa Mäuse zur Raserei treiben: Wie von Sinnen attackieren derart manipulierte Nager dann ihre Artgenossen. Forscher finden das einerseits faszinierend, andererseits gruselig, weil sich die Frage auftut, ob auch beim Menschen durch entsprechende Manipulationen so etwas wie „freier Wille" außer Kraft gesetzt werden kann. Auch wenn Emotionen wie z. B. Wut und Angst keinesfalls einfach mit ‚Seele' identifiziert werden können, drängt sich die Frage auf: Was können solche Forschungs-Teil-Ergebnisse für ein wissenschaftlich beleuchtetes Reden von ‚Seele' bedeuten?

Zur Verteidigung solcher Forschungen kann geltend gemacht werden: Das Wissen bezüglich der genauen Funktion einzelner Zellverbände könnte auch zu Therapien für bestimmte psychiatrische Leiden führen. Wir werden künftig noch öfter mit solchen bzw. ähnlichen Forschungs-Ergebnissen konfrontiert werden.

Im Zusammenhang mit dem Ruf nach Intensivierung der interdisziplinären Forschung sei noch auf V. Gerhardt hingewiesen: „Der Sinn des Sinns: Versuch über das Göttliche". Auf der Umschlagseite dieses Bandes hat V. Gerhardt als erklärend und einführend folgenden Satz drucken lassen: „Es ist gerade auch das sich ständig vermehrende Wissen, das der Ergänzung durch den Glauben bedarf.". Ob in diesem Kontext freilich der Begriff „Ergänzung" als sachgemäßer Begriff gut gewählt ist, wird ernsthaft zu diskutieren sein. Wenn man (wie in dem hier präsentierten Essay) von unterschiedlichen „Sprachräumen" redet, hat man damit das Problem allerdings noch keineswegs gelöst.

Christliche Theologie bleibt weiterhin mit zunehmend mehr herausgeforderten Wissenschaften auf dem Weg.

Für einen christlichen Theologen, der sich am biblischen Kanon orientiert, gibt es viele gute Gründe dafür, sich auch in der Moderne / Spätmoderne nicht vom „Sprachraum des biblischen Kanons" zu verabschieden.

Es kann und wird den anthropologischen Diskurs bereichern, wenn uns das biblische Reden von ‚Seele', das Reden von der Näphäsch-Seele weiterhin intensiv beschäftigt. Und wenn von der je individuellen Seele tatsächlich die Aufforderung „vernommen" wird: „vergiss nicht, was dir an Gutem widerfahren ist", dann darf jede / jeder, die/der dies vernimmt, sich in einer offenbar lebendigen „Schöpfer-Geschöpf-Resonanz", sich in seinen nie abgeschlossenen Narrativen als „lebendig", eben als in seiner eigenen „beseelten Lebendigkeit" wahrnehmen und darauf vertrauen, dass der Schöpfer sich nicht aus der „Schöpfer-Geschöpf-Resonanz" verabschiedet, dass der Schöpfer vielmehr sein Geschöpf, die Näphäsch-Seele, nicht ins Leere fallen lässt. Die biblische Tradition leitet zum Vertrauen darauf an und zur Hoffnung darauf, dass sich der Schöpfer auch als der Vollender erweisen wird.

Unser Blick wird in der Tat weiterhin auf die zunehmend mehr herausgeforderten Wissenschaften gerichtet sein, wobei sich unser Blick auf alle Disziplinen im Großbereich der Anthropologie einschließlich der Kultur- und Geisteswissenschaften und auch der Theologie richten sollte.

Wie oben bereits mitgeteilt, war es schon seit Beginn der Arbeit an dem jetzt Vorgelegten das ZIEL, einen Appell des Präsidenten der Deutschen Forschungsgemeinschaft aufzunehmen und auf dem Weg der Scientia auch Schritte auf dem Weg zu einem von J. Habermas geforderten „transformierten

Erbe religiöser Herkunft"[112] zu erproben. Wenn das Ziel nicht erreicht werden konnte, belegt dies keinesfalls, dass das Ziel falsch gewählt wurde. Es bedarf mehrerer, wohl auch verschiedenartiger Anläufe. Auch die Ausgangsbedingungen seitens der Wissenschaft haben sich in den letzten Jahren verändert und sie werden sich weiterhin verändern. Eben deshalb kann im Hinblick auf die Zukunft die Devise nur lauten: „Weiter auf dem Weg mit den zunehmend mehr herausgeforderten Wissenschaften!".

Gerade auch im Wissen um die bei uns sorgfältig gepflegte große biblisch-christliche Tradition und im Bewusstsein dessen, das wir für das Tradieren eben dieser Tradition auch eine gewisse „Verantwortung" tragen, sollte vielleicht ein Satz von Martin Luther zitiert werden: „Wir sind es doch nicht, die da die Kirche erhalten könnten. Unsere Vorfahren sind es auch nicht gewesen. Unsere Nachfahren werden es auch nicht sein.".

"Der ist´s gewesen, ist´s noch und wird´s sein, der da sagt:
Ich bin bei euch alle Tage bis an das Ende der Welt."[113]
Auch ohne eine abschließende theologische Klärung des Begriffs Kirche sind wir in die Geschichte der christlichen Erzählgemeinschaft hineinverwoben.

Und aus eben dieser Perspektive dürfen wir es für einen Gewinn halten, wenn uns das biblische Reden von ‚Seele', das Reden von der Näphäsch-Seele weiterhin intensiv beschäftigt.

---

112 Habermas, Jürgen: Auch eine Geschichte der Philosophie: Band 1: Die okzidentale Konstellation von Glauben und Wissen Band 2: Vernünftige Freiheit. Spuren des Diskurses über Glauben und Wissen. Suhrkamp Verlag; 3. Edition 2019, S. 15
113 Mt 28,20

Und wenn von der je individuellen Seele tatsächlich die Aufforderung vernommen wird: „Vergiss nicht, was dir an Gutem widerfahren ist", dann ist das ein Zeichen dafür, dass die von uns unterstellte „Schöpfer-Geschöpf-Resonanz" offenbar nicht erloschen ist!

Wichtig und weiterführend wäre es, dass gerade auch im Kontext von Scientia und der in ihrem Rahmen sich vollziehenden interdisziplinären Forschung das auch wirkungsgeschichtlich gewichtige Erbe der christlichen Tradition mit ihren Hoffnungsimpulsen aus dem AT und aus dem NT zu Gehör kommt und sowohl auch „unbequeme Fragen" eingespielt als auch immer wieder verengte Vorstellungen aufgebrochen werden und dabei die Offenheit für ein Verständnis von Wirklichkeit gepflegt wird, in dem das Fragen nach Gott als sinnvolles Fragen gilt und dem Reden von Gott Raum gegeben wird.

Wenn wir uns im Rahmen der uns gewährten Geschichte dazu ermahnen lassen, nicht zu vergessen, was uns an Gutem gewährt wurde, dann erfahren wir unsere Seele bei ihrem uns selbst an eben unsere Erfahrungen erinnernden Erzählen wohl ganz konkret so, dass eben sie sich in ihren Narrativen zur Sprache bringt. Diese Narrative schreiben wir nicht unseren neuronalen Verschaltungen zu, um die wir sehr wohl wissen und an deren wissenschaftlicher Erforschung wir sehr interessiert sind. Wir schreiben diese Narrative unserer Seele zu und wir bedienen uns gerade bei dieser „Zuschreibung" eines Begriffs aus dem biblischen Sprach- und Deutungsraum: Wenn gemäß Ps 103 die Seele nicht vergessen soll, was ihr an Gutem widerfahren ist, dann gehört es geradezu zu ihren Aufgaben, dass sie sich selbst das ihr Widerfahrene auch selbst immer wieder vergegenwärtigt. Es zeigt sich dann eben darin, dass die von uns unterstellte „Schöpfer-Geschöpf-Dauer-Resonanz" gleichsam aktiv ist.

Man darf zur Kenntnis nehmen, dass sich unsere Gesellschaft auch in der Moderne / Spätmoderne bislang nicht vom „Sprachraum des biblischen Kanons" verabschiedet hat. Erinnert sei in diesem Zusammenhang z.B. an den von uns ausführlich zitierten Text zu „Religionen" von H. Rosa aus seinem Buch „Resonanz".

„Etwas ist da; etwas ist gegenwärtig: Das ist die Grundform aller Weltbeziehung, die Urform aller Wahrnehmung und allen Bewusstseins".

So stark konturiert finden sich diese Gedanken zwar nicht mehr in der neueren Publikation, die H. Rosa und A. Reckwitz gemeinsam vorgelegt haben „Spätmoderne in der Krise: Was leistet die Gesellschaftstheorie?".

Aber durchaus anders beschließt V. Gerhardt sein Buch „Der Sinn des Sinns: Versuch über das Göttliche". Die letzten größeren Abschnitte in dem genannten Buch sind überschrieben:

„3. Gott als Name für den Sinn der Welt; 4. Das Göttliche als Integral von Mensch und Welt; 5. Die göttliche Botschaft; 6. Die ursprüngliche Offenheit der Kirche und deren Verlust; 9. Kirchliche Verantwortung für den Glauben aller". Man hätte jetzt mit einem längeren Zitat aus dem Buch von V.Gerhardt abschließen und etwa die Seiten 272 – 292 abdrucken können.

Aber wir haben mit einem rasch zur Sache führenden Einstieg begonnen und wir schleichen uns nun auch aus der Ebene sachlicher Erörterung ganz rasch mit jenem kurzen Zitat wieder aus, das V. Gerhardt als „Beschluss" am Ende seines Buches hat abdrucken lassen:

„Der erste Trunk aus dem Becher der Naturwissenschaft macht atheistisch, aber auf dem Grund des Bechers wartet Gott" (W.Heisenberg).

Man könnte geradezu sagen, dass einem sachlichen Gespräch von Theologen und Neurowissenschaftlern nahezu nichts im Wege steht. Gerade auch die neuesten Publikationen von J. Panksepp zur „Selbst-Konstitution", zum Zshg. zwischen Gehirnaktivität und Sozialverhalten sind sowohl für Neurowissenschaftler, Psychotherapeuten und Theologen eine Herausforderung und können nicht als Anhängsel zu diesem Essay abgehandelt werden.

Vgl. aber vor allem J. Bauer „Das empathische Gen: Humanität und das Gute und die Bestimmung des Menschen". Ein Beitrag zu dem, was in den modernen Neurowissenschaften als das ‚Selbst' bezeichnet wird: Einführendes in das „neuronale Selbstsystem"[114].

Unter Getiteltes: „Wie Denken unsere Gene beeinflusst.".

Auf der rückseitigen Umschlagseite des Buches wird den erhofften Leserinnen und Lesern des Buches mitgeteilt:

"Das neue Buch von J. Bauer ermöglicht einen faszinierenden Einblick in das Gebiet der „Social Genomics"-Forschung. Der renommierte Arzt und Neurowissenschaftler zeigt: Unsere Gene sind keine Egoisten. Sie kommunizieren und kooperieren. Sie reagieren auf Umwelteinflüsse und auf unseren Lebensstil".

Eine aus freiem Entschluss gewählte innere Haltung, die auf ein Sinn-geleitetes, prosoziales Leben ausgerichtet ist, begünstigt Genaktivitäten, die unserer Gesundheit dienen. J. Bauers Antworten auf die Frage, wofür wir gemacht sind, sind Ausgangspunkte für einen „hoffnungsvollen Aufbruch". Unter der Überschrift „Realität der Persönlichkeit: Erkundung

---

114 Bauer, Joachim: Das empathische Gen: Humanität, das Gute und die Bestimmung des Menschen. Verlag Herder 1. Edition Oktober 2021, S. 28 ff

der neuronalen Selbstnetzwerke" teilt J. Bauer mit, dass es am Mass. Institut of Technol. „unter Einsatz der MRI-Technologie gelungen ist, neuronale Netzwerke darzustellen, die aktiviert werden, wenn eine Person sich selbst mentalisiert. Die Kern-Komponente der Selbstnetzwerke hat ihren Sitz im Bereich des Präfrontalen Cortex"[115]. Bauer erläutert PFC als „untere Etage des Stirnhirns". Wenn eine Person auf die Frage, welche Eigenschaften sie habe und für was sie stehe ehrlich antworten will, „kann sie das nur, wenn sie in ihrem Gehirn auf einen Speicher zurückgreifen kann, der Informationen darüber abgespeichert bereithält, was diese Person glaubt, wer sie ist. Die Selbstwerknetze sind dieser Speicher. Weitere Studien konnten dies nicht nur bestätigen, sondern zeigen, dass die im Selbstnetzwerk abgespeicherten Informationen sowohl die momentane Stimmung als auch die selbst eingeschätzten Persönlichkeitseigenschaften als auch die physischen Eigenschaften der eigenen Person betreffen."[116].

„Was in den modernen Neurowissenschaften als „Selbst" bezeichnet wird, ist selbst-verständlich nicht die Psyche als Ganzes, sondern nur der zur Selbstreflexion fähige Teil der Person. An dieser Stelle erwähnt sei, dass zum neuronalen Selbstsystem zwei weitere Strukturen zählen. Zum einen hat in der oberen Etage des Stirnhirns ein Netzwerk seinen Sitz, welchem die Funktion eines kritischen Selbstbeobachters zukommt. Zum anderen befindet sich in einem hinteren Teil des Gehirns ein Netzwerk, welches vorzugsweise biografische Aspekte des Selbst abgespeichert hat. Die drei genannten

---

115 vgl. Bauer a.a.O., S. 127
116 vgl. Bauer a.a.O., S. 128

Komponenten des Selbstnetzwerkes sind untereinander verbunden."[117]

„Der neurowissenschaftliche Selbst-Begriff konkurriert nicht mit den etablierten Nomenklaturen der Psychologie oder der Psychoanalyse. Die Neurowissenschaften bestreiten auch keinesfalls die Existenz des Unbewussten. Die in der unteren Etage des Stirnhirns gelegene zentrale Schaltstelle des neuronalen Selbstsystems ist mitsämtlichen Zentren des emotionalen Gehirns verbunden: mit den Angstzentren, mit dem Motivationszentrum, sowie mit dem Hirnstamm."[118]

„Das Selbst – ‚gemäß neurowissenschaftlicher Terminologie ist der bewusstseinsfähige Ansprechpartner für Botschaften, die entweder von innen, also aus dem eigenen Körper, oder von außen, also aus dem sozialen Umfeld kommen. Es vermittelt zwischen innen und außen."[119] Dieses etwas längere Zitat sollte einen kleinen Einblick ermöglichen, in empirische Forschungen, die jenem Bereich gelten, den wir auch ins Auge fassen, wenn wir uns mit dem biblischen Reden von ‚Seele' beschäftigen und z. B. auch mit der Aufforderung an die ‚Seele', nicht zu vergessen, was ihr widerfahren ist. Die vielen im Rahmen des „Selbstsystems" im Gehirn lokalisierten „Speicher-Orte" können geradezu als notwendige neuronale Voraussetzungen dafür erscheinen, dass die Seele eben dem nachkommen kann, wozu sie z. B. in Ps 103 aufgefordert wird.

---

117 vgl. Bauer a.a.O., S. 128
118 vgl. Bauer a.a.O., S. 128
119 vgl. Bauer a.a.O., S. 129

www.ingramcontent.com/pod-product-compliance
Lightning Source LLC
Chambersburg PA
CBHW070615170426
43200CB00012B/2697